Filer droit

Illustration de couverture : Jean Lecointre
Graphisme : Frank Secka

Titre original : *Going straight*

Parc Saint-Joseph - BP 3522 - 12035 Rodez CEDEX 9
Tél. : 05 65 77 73 70 - Fax : 05 65 77 73 71 - www.lerouergue.com

Filer droit

Michael COLEMAN

Traduit de l'anglais par Judith Roze

doAdo NOIR

ÉDITIONS DU ROUERGUE

Pour Irene et Julie, de la Bibliothèque centrale de Portsmouth (Angleterre) ; et pour Pavla Francova, de Prague (République Tchèque), championne des 1 500 et 3 000 mètres aux Jeux paralympiques d'été de Barcelone en 1992.

M.C.

1

Luke était un voleur.

Sa règle de vie était simple et sans équivoque : quand il voyait quelque chose qui lui faisait envie, il le prenait. Et il avait envie de la plupart des choses qu'il voyait.

Ça ne signifiait pas qu'il en avait *besoin*. Luke aurait été le premier à l'admettre. Il considérait la question sous cet angle : s'il ne pouvait pas se servir de ce qu'il avait volé, il pouvait le vendre – ce n'était jamais un problème quand on savait où aller. Or, sa famille avait *toujours* besoin d'argent. Ce qu'il gagnait représentait sa contribution aux finances de la famille. Le vol était pour lui une sorte de boulot à mi-temps.

Et ce boulot rapportait pas mal – plus que les sommes de misère qu'acceptaient certains gamins de l'école pour se crever à garnir des étagères de supermarché ou à chercher des caddies abandonnés dans la rue. Oui, la délinquance payait bien.

Bien sûr, elle avait ses inconvénients, comme n'importe quel boulot. Les risques du métier, comme on les appelait parfois. C'était son père qui avait le mieux résumé la situation :

« C'est un jeu, pas vrai ? avait-il un jour plaisanté. On pique des trucs et on essaie de ne pas se faire piquer. »

Luke s'était fait piquer plein de fois. Suffisamment pour que son nom – répertorié dans l'Ordinateur national de la police – se voie attribuer des lettres supplémentaires.

Trois lettres.

Luke Martin Reid, JDM

Jeune délinquant multirécidiviste. Jeune, parce qu'il n'avait pas encore seize ans. Multirécidiviste, parce qu'il avait commis tant de délits qu'il ne les comptait plus et, pour reprendre une autre blague de son père, parce qu'il ridiculisait les flics en démontrant leur incapacité à l'empêcher de voler. De voler des choses comme cette boîte bleu vif qui venait d'attirer son attention…

À en juger par le logo et l'étiquette, la boîte contenait une paire de chaussures de course luxueuses et hautement désirables (c'est-à-dire hautement vendables). Posée sur le siège arrière d'un beau 4 x 4 tout-terrain, elle était si alléchante qu'elle aurait pu porter une autre étiquette avec la mention : « Luke, vole-moi, je t'en *prie* ! »

Pour ne rien gâcher, les propriétaires du 4 x 4 – des privilégiés, sans aucun doute – avaient garé leur voiture dans un petit coin tranquille au rez-de-chaussée du parking à niveaux. Le genre de coin devant lequel les gens passaient sans se retourner. Mieux, l'escalier de sortie se trouvait juste à côté. Parfait pour décamper rapidement. En un rien de temps, Luke pouvait s'emparer de la boîte, jeter les chaussures dans son sac et se perdre dans la foule à l'extérieur.

Il se glissa le long du véhicule et, tout en scrutant le sol comme s'il cherchait quelque chose, saisit furtivement la poignée de la portière du passager. Fermée à clé. Ç'aurait été trop simple. Il allait devoir entrer par ses propres moyens.

Ça ne lui prendrait pas longtemps. Il était presque sûr que ce modèle de 4 x 4 ne possédait pas d'alarme. Même s'il y en avait une, ce ne serait sans doute pas un problème : aujourd'hui, tant d'alarmes semblaient déclenchées par une souris de passage que les gens les ignoraient tout bonnement.

Une main dans la poche, Luke fit une courte promenade, apparemment sans but, du côté de la sortie. Quand il rejoignit le 4 x 4, il avait entre les doigts quelque chose qui ressemblait à une petite lame de scie sauteuse. Un sourire fugace éclaira son visage. C'était le meilleur moment. Le plus satisfaisant.

D'autres voleurs se contenteraient sans doute d'enfoncer la vitre du véhicule, mais pas lui. Trop risqué. Bruyant, pour commencer. Et il n'avait aucune envie de se déchiqueter la main. Pas facile de soutenir que vous n'avez jamais posé les yeux sur une voiture quand ses sièges moelleux sont éclaboussés de votre sang. Non, casser les vitres n'était pas son genre. Il entrait – *adorait* entrer – en crochetant la serrure. Délicatement, il introduisit sa lame dans la fente…

Il ne savait plus quand il s'était aperçu qu'il avait le don. Celui-ci semblait avoir poussé avec lui, comme les cheveux ou les boutons. Quoi qu'il en soit, Luke savait crocheter les serrures. N'importe quelle serrure.

Si on lui avait demandé d'expliquer comment faire, il n'y serait pas arrivé. Si son professeur principal, M. Harmer, lui avait dit un matin : « Luke, tu es un garçon qui mérite d'être encouragé. Pourquoi ne pas nous faire un petit exposé sur ton extraordinaire talent pour crocheter les serrures ? » – eh bien, il aurait achevé de convaincre Harmer qu'il était un bon à rien en échouant lamentablement.

La vérité, c'était qu'il ne *pouvait pas* l'expliquer. Tout ce qu'il savait, c'était que, dès qu'il glissait cette lame dans une serrure, il avait l'impression de visualiser l'intérieur du mécanisme, comme si le bout de ses doigts envoyait des images vers des recoins cachés de son cerveau, qui les traitait et les analysait jusqu'à ce que les goupilles de la serrure cèdent sous la pression mesurée mais précise qu'il leur appliquait. Comme en ce moment.

Un petit clic sympathique indiqua à Luke que le boulot était terminé. Il ôta doucement la lame de la serrure et la remit dans sa poche.

C'est alors qu'ils lui sautèrent dessus.

Tout fier d'être venu si vite à bout de la serrure, Luke en avait oublié la règle numéro un du voleur : vérifier, vérifier et encore vérifier. Il venait d'ouvrir la portière du passager et d'attraper la boîte, quand un bras puissant s'enroula autour de son cou et le tira brutalement en arrière.

« Trop sympa, mon pote ! fit une voix avec un rire de gorge caractéristique. Tu nous as mâché le boulot ! »

Tandis que l'inconnu le traînait hors du 4 x 4, Luke aperçut quelqu'un d'autre qui bondissait en sens inverse, rampait jusqu'au siège du conducteur et commençait à tirer des fils électriques sous le tableau de bord.

« Facile ! frima le type. Viens, Mig ! En route ! »

Ce rire à nouveau. « Ouais, j'arrive ! »

D'un seul mouvement, Luke fut relâché et projeté sur le côté. La boîte lui échappa et son contenu roula sur le sol graisseux. Il eut la brève satisfaction de constater qu'il avait eu raison – c'étaient des baskets de grande marque, les plus belles qu'il ait jamais piquées –, puis la portière claqua et le moteur vrombit.

Il s'était fait attaquer par deux voleurs de voiture ! Un crime, voilà ce que c'était.

La rage et l'amertume lui firent serrer les poings. Ces types l'avaient pris par surprise. Luke scruta l'intérieur du véhicule. Il mémoriserait leurs visages pour le cas où il aurait un jour l'occasion de les punir – car, ce jour-là, il ne se priverait pas…

Cette pensée s'éteignit aussi vite que la flamme d'une bougie dans un ouragan.

Sur le siège du passager, vêtu d'une tenue militaire et regardant Luke avec un petit sourire satisfait, était assis « Mig » Russell. Le gros malabar devait son surnom au redoutable avion de combat russe. Parce qu'il était précisément cela : un redoutable combattant. Et au volant, manœuvrant le 4 x 4 en marche arrière pour le faire sortir de sa place de parking, se trouvait… Lee Young, bien sûr. Lee Young à la face de furet, qui n'avait pas besoin de surnom parce que tous les jeunes savaient ce qu'il était. Un caïd. Le caïd des caïds.

Lee Young et Mig Russell ! À dix-sept ans – deux seulement de plus que Luke –, ils jouissaient d'une réputation de vétérans. Luke eut un petit rire. Attaqué par les rois de la cité d'East Med ! C'était presque un honneur.

La vitre de Russell s'abaissa lentement. « Comment tu t'appelles ?

– L-Luke. »

L'ordre de Young jaillit du siège du conducteur. « Tu nous as jamais vus. N'oublie pas.

– Sinon… » ajouta Russell inutilement – le regard de Young avait déjà tout dit.

La vitre remonta dans un ronronnement. À présent, le 4 x 4 était presque sorti de sa place de parking. Pas de crissement de pneus, rien qui puisse attirer l'attention. Quels pros ! Luke avait envie de leur demander des autographes.

« Eh ! C'est ma voiture ! Arrêtez ! »

Il fit volte-face. Un homme venait de déboucher de l'escalier. À ses côtés se tenait une adolescente qui avait à peu près l'âge de Luke. Elle semblait perplexe, mais pas lui : il avait juste l'air furieux. Même si son QI avait été aussi bas que M. Harmer ne cessait de l'insinuer, Luke n'aurait pas eu de peine à deviner qu'il s'agissait du propriétaire du 4 x 4 – et qu'il n'allait pas le laisser partir sans se battre.

L'homme était un rapide. Plantant là l'adolescente, il fonça vers le véhicule et se mit à tambouriner sur la vitre arrière. Lee Young, interloqué, écrasa l'accélérateur, et le 4 x 4 démarra dans un hurlement de pneus. Ignorant Luke, l'homme se mit à courir derrière en agitant les bras comme un fou.

Luke faillit éclater de rire. Que croyait donc ce type ? Qu'il pouvait les rattraper ? Il n'avait même pas ses baskets de frimeur aux pieds. Puis il se rendit compte que l'homme n'avait peut-être pas besoin de rattraper le 4 x 4. Un peu plus tôt, lui-même avait pris soin de vérifier que l'escalier était assez proche pour lui permettre de filer rapidement. Mais les voitures n'empruntaient pas les escaliers. La rampe de sortie destinée aux véhicules se trouvait de l'autre côté du parking, dans la direction opposée à celle qu'avait prise le 4 x 4 – et, visiblement, le type le savait.

Avant même que Lee Young ne prenne conscience de son erreur et n'entame un demi-tour fracassant autour d'un pilier en béton, l'homme s'était élancé sur le côté et mis à zigzaguer entre les voitures. Son objectif était clair : il voulait leur barrer la route et les forcer à s'arrêter.

Luke était pétrifié. Il savait qu'il devrait courir lui aussi, courir et s'enfuir, mais il ne pouvait détacher ses yeux de la scène. Ce type était dingue. Il allait se faire tuer…

À ce moment, la fille poussa un hurlement : « Papa ! »

Ce cri de terreur sauva la vie de son père : c'était sans doute la seule chose qui pouvait le distraire de sa poursuite forcenée. Alors qu'il tentait de se faufiler entre un fourgon à l'arrêt et un pilier de béton pour foncer droit sous les roues de son propre 4 x 4, sa tête pivota dans la direction de sa fille. Cela suffit à faire dévier sa trajectoire, et son épaule percuta le pilier.

Luke l'entendit hurler de douleur, puis le vit se plier en deux et tomber à genoux. Mais il était hors de danger : le 4 x 4 l'avait dépassé à toute allure et se trouvait maintenant loin devant. Rassuré, Luke se mit enfin en mouvement. Les chaussures de course gisaient toujours à ses pieds. Il les ramassa en vitesse et allait courir vers la sortie quand un nouveau crissement de pneus retentit.

En un regard, Luke comprit ce qui s'était passé : une vieille dame qui tentait de manœuvrer pour entrer dans une place de parking avait barré la route à Lee Young. Celui-ci avait dû braquer à quatre-vingt-dix degrés et freiner brutalement. Mais, à présent, il accélérait à nouveau… et se dirigeait droit vers la fille !

Cette dernière n'avait pas bougé. Déboussolée, terrifiée, elle se tenait toujours à l'endroit où son père l'avait laissée.

« Attention ! » hurla Luke.

Mais son cri fut sans effet. Paniquée ou sous le choc, l'adolescente semblait inconsciente du danger qu'elle courait. Malgré l'approche du 4 x 4 et le bruit du moteur, dont le mugissement se répercutait dans la caverne du parking, elle se contentait de jeter des coups d'œil en tous sens.

Luke distinguait Lee Young derrière le volant. À côté de lui, Mig Russell avait les pieds négligemment posés sur la plage avant. Ils se lançaient des regards en riant, excités par leur beau coup. Luke pouvait les comprendre, même s'il ne jouait pas dans la même cour qu'eux. Mais… ils en oubliaient de regarder devant eux. Le 4 x 4 fonçait droit sur la fille et, manifestement, ils ne s'en étaient pas aperçus.

Elle n'avait toujours pas bougé. Elle tournait la tête de tous côtés en appelant son père, mais ses pieds, eux, semblaient cloués au sol. Or, son père n'était pas en état de l'aider. Luke poussa un juron et s'élança vers elle.

La voiture approchait à toute allure. Lee Young l'avait sûrement repérée maintenant ? Espérant, contre toute raison, qu'il allait l'entendre freiner d'un instant à l'autre, Luke se força à accélérer encore. Il n'allait pas y arriver…

Dans un élan désespéré, il plongea – tomba presque – sur la fille. En même temps, il ferma les yeux et se raidit dans l'attente de la douleur atroce qu'allait lui causer le 4 x 4. Mais il ne sentit rien. Rien que la bourrasque provoquée par le véhicule qui passait à quelques millimètres de lui. Il entendit le rire étonnamment aigu de Young et le cri rauque de Russell : « À plus, Lukey ! » L'instant d'après, la fille et lui touchèrent le macadam et elle se mit à hurler à lui bousiller les tympans.

« Désolé, haleta-t-il. Vraiment. Je suis vraiment désolé. » Il se releva tant bien que mal. Young avait dû les voir à la dernière minute et faire un écart pour les éviter. En tout cas, la fille était saine et sauve, même si, en continuant à beugler comme ça, elle était bien partie pour s'exploser les poumons. Quant à son père, de l'autre côté du parking, il n'avait pas l'air sérieusement blessé non plus. Juste abasourdi – on le serait à moins.

Chaud, se dit Luke, mais personne ne s'est fait tuer. OK, la fille continuait à brailler et, grâce aux efforts combinés de Luke, Young et Russell, le type pouvait maintenant faire une croix sur son 4 x 4, et pas seulement sur ses belles chaussures de course…

Les chaussures. Luke jeta un coup d'œil autour de lui et lâcha un juron. Il les avait gardées sous le bras en courant, comme des bijoux qu'on tente de sauver d'un incendie, mais, en poussant la fille, il les avait laissées échapper. Maintenant, il n'en voyait plus qu'une. Il la ramassa et comprit aussitôt qu'il perdait son temps : les baskets dépareillées n'avaient aucune valeur sur le marché. Il lâcha donc la chaussure et se mit à courir.

En quelques foulées, il atteignit la sortie, manquant heurter au passage une femme qui venait de gravir le petit escalier. Une seconde plus tard, en découvrant le spectacle qui s'offrait derrière Luke, celle-ci se mit à hurler à son tour. « Jodi ! Jodi ! »

La mère, à coup sûr. Tandis qu'elle le bousculait anxieusement pour passer, il jeta un coup d'œil par-dessus son épaule – et fut bien inspiré de le faire. Le type ne fixait plus l'endroit où son 4 x 4 avait disparu ; il avait en main la chaussure que

Luke venait de lâcher. À l'évidence, il n'avait pas trop de mal à faire le rapprochement entre deux choses et à en tirer les conclusions qui s'imposaient. Maintenant que quelqu'un d'autre était là pour tenir la main de sa fille, rien ne le retenait dans ce parking, et Luke soupçonnait qu'un homme qui venait de donner la chasse à un 4 x 4 n'hésiterait pas à se lancer à sa poursuite.

Il dévala les marches, visualisant déjà le chemin qu'il prendrait pour aller se réfugier à East Med. C'était un bon itinéraire, tout en ruelles sombres et peu fréquentées, mais il risquait de devoir le parcourir nettement plus vite que d'habitude.

Il tourna à gauche en sortant, monta à toute allure la petite pente qui longeait le parking et traversa la rue. Un virage à droite, un court sprint dans une ruelle jonchée de déchets, et il se retrouva sur la route usée et pleine de nids-de-poule qui conduisait à East Med, un petit kilomètre plus loin. Il cavala sur cent mètres puis, avant de bifurquer à nouveau, risqua un regard derrière lui. Le type *le suivait* ! Cela dit, sa vitesse initiale lui avait donné une bonne longueur d'avance. L'autre n'avait pas encore traversé la route.

Devant Luke s'étendait une nouvelle ruelle. Elle était longue et rectiligne, bordée par deux hauts murs de brique croulants qui passaient à l'arrière de maisons miteuses. L'inconvénient, c'était que le type le distinguerait parfaitement tout du long. L'avantage, que la cité d'East Med se trouvait à l'autre bout. Quand Luke aurait atteint ce sanctuaire, avec son dédale de passerelles et d'escaliers, un chien policier monté sur des rollers ne pourrait plus retrouver sa trace.

Il se remit à courir, mais beaucoup moins vite qu'auparavant. Ses jambes commençaient à lui faire mal. Au bout de cent mètres, il était à bout de souffle et avait encore ralenti. Nouveau coup d'œil en arrière : le type gagnait du terrain !

Luke serra les dents et força sur ses jambes, mais elles ne voulaient rien savoir. C'était comme essayer de courir dans une piscine. Plus il faisait d'efforts, moins il semblait avancer.

Il commençait à paniquer. Le type se rapprochait de seconde en seconde. Il n'allait plus tarder à le rattraper. Luke se maudit d'avoir été assez bête pour chercher à faucher les baskets d'un coureur olympique. Il fit alors la seule chose qui lui venait à l'esprit : il cessa de courir et se mit à grimper.

Bondissant sur le côté, il s'agrippa au mur friable et couvert de mousse, chercha en glissant un appui pour ses pieds et commença à se hisser vers le haut. S'il arrivait à franchir ce mur, il aurait une chance…

Il venait d'assurer sa prise au sommet quand le type le rattrapa et s'agrippa à sa cheville. Luke se débattit, mais en vain : visiblement, l'autre était non seulement bon coureur, mais champion de catch par-dessus le marché. Il se cramponna alors de toutes ses forces et envoya un grand coup de pied pour tenter de se libérer.

C'en était trop, non pour le propriétaire vociférant du 4 x 4, mais pour le vieux mur, qui céda avec un bruit sourd. Luke tomba à la renverse et s'affala de tout son poids sur la jambe de son poursuivant. L'instant d'après, de gros morceaux de brique moisie dégringolaient sur eux.

Luke abandonna la partie. Un brusque craquement d'os, les hurlements de douleur du type, le propriétaire furieux qui bondissait à travers la brèche du mur, les voisins curieux qui sortaient en courant voir ce qui se passait… Il ne pouvait échapper à tous ces gens à la fois.

C'était presque un soulagement.

2

L'arrondissement de Thames Reaches s'enorgueillissait de la rapidité et de l'efficacité de sa justice pour mineurs. Partout ailleurs dans le pays, il pouvait s'écouler des mois entre l'arrestation et le procès, mais Thames Reaches se faisait fort d'amener ses jeunes fauteurs de troubles devant un juge en l'espace de quelques semaines.

Dans le cas de Luke, la justice se surpassa. En moins de quinze jours, diverses lettres étaient expédiées à leurs destinataires. L'une d'entre elles, adressée à M. et Mme A. R. Webb, échoua un jeudi matin sur un paillasson élimé.

« Theresa ! Courrier ! » cria Allan Webb.

En temps normal, il aurait été lui-même le chercher. Mais, en temps normal, M. Webb ne passait pas son temps affalé sur le canapé, la jambe droite plâtrée du talon à la cuisse. Avec une grimace de douleur, il déplaça sa jambe pour trouver une position plus confortable – tout en sachant que, dix minutes plus tard, elle ne le serait plus. Alors, pour la énième fois, il maudit le gamin qui l'avait mis dans cet état.

Dans l'entrée, Theresa Webb se pencha pour ramasser l'enveloppe : un courrier officiel, visiblement. Au même moment, la musique au rythme lourd, aux basses assourdissantes qui s'échappait de la chambre de sa fille se fit encore plus forte.

« Jodi, cria-t-elle, baisse un peu, s'il te plaît ! »

Pas de réponse.

« Jodi ! »

Toujours rien. Sachant d'expérience que c'était la seule solution, Mme Webb monta l'escalier et tambourina sur la première porte. « Jodi ! Tu veux bien baisser cette musique ! »

La porte s'ouvrit. « Quoi ?

– J'ai dit, tu veux bien baisser cette musique !

– Désolée. T'entendais pas. »

Jodi se mit à rire – ça avait le don de calmer sa mère. Elle appuya plusieurs fois sur sa télécommande, ramenant le volume à un niveau acceptable.

« Je me demande pourquoi tu as besoin d'écouter ça si fort.

– Ça m'aide à me concentrer. J'étais en train de terminer le devoir d'histoire que tu m'as donné. » Jodi sourit. « Et voilà, Maman : si tu ne veux pas de musique trop forte, ne me donne pas de travail à faire. Ou encore mieux : ne fais pas mon éducation à la maison. »

Son ton ne devait pas être aussi léger qu'elle l'aurait voulu, car l'atmosphère devint soudain glacée.

« Apporte-moi ce devoir en bas, je vais le corriger tout de suite », dit Mme Webb. Elle resta sur place tandis que Jodi rentrait dans sa chambre. « Tu préfères que j'attende ici ?

– Non merci, M'man ! Je connais le chemin ! »

Jodi ramassa les pages imprimées de son devoir – qu'elle espérait correct, pour accréditer sa thèse sur les bienfaits de la musique à plein tube – puis ferma derrière elle la porte de sa chambre. Elle effleura légèrement l'extrémité de la rampe d'escalier, pivota autour, descendit les marches en sautillant et rejoignit ses parents dans leur minuscule salon.

Theresa Webb était assise près de son mari, qui parcourait la lettre. L'enveloppe déchirée gisait à ses côtés.

« Ce… Ce voleur. Luke Reid. Il passe en jugement la semaine prochaine. Vendredi.

– Déjà ? fit Mme Webb d'un air inquiet. Tu pourras marcher d'ici là ?

– Aucune chance pour que je laisse ce voyou s'en tirer, Theresa. Chaque semaine, le journal parle d'affaires classées sans suite parce que les témoins ne se présentent pas. Je serai au tribunal, même si je dois y aller en rampant. »

Après avoir posé son devoir d'histoire, Jodi s'était assise à une petite table carrée installée près de la porte. Il y avait là un jeu de cartes utilisé la veille au soir. Elle les battit rapidement et, tout en les disposant avec soin pour faire une patience, demanda : « Qu'est-ce qui va lui arriver ?

– Centre de détention pour mineurs, ou un truc comme ça, répondit sèchement son père.

– La prison, tu veux dire ?

– C'est exactement ce que je veux dire. D'après le flic qui a pris ma déposition, il a un casier judiciaire chargé à bloc. On lui a déjà donné chance sur chance. »

Lentement, pensivement, Jodi posa un six rouge sur un sept noir. « Mais… il… ce qu'il a fait. Pour me protéger. Ça ne comptera pas ? »

Mme Webb se leva et vint se placer à côté de sa fille. « Peut-être que si. Mais nous espérons que ce ne sera pas le cas.

– Pourquoi ? demanda Jodi brusquement.

– Parce qu'il l'a sans doute fait juste pour sauver sa peau, intervint M. Webb d'un ton courroucé. Parce qu'il a compris que, si tu te faisais renverser, il aurait encore plus d'ennuis. D'ailleurs il ne s'est pas attardé après, que je sache.

– Parfois je regrette que tu l'aies poursuivi, Allan, soupira Mme Webb.

– Tu aurais voulu que je laisse passer ça ? Pas question. C'est ce qu'ils espèrent tous. C'est pour ça qu'il a eu si peur quand je lui ai couru après. Il a détalé comme un lapin – et puis il s'est essoufflé. »

Mme Webb se pencha sur la table où jouait sa fille. « Regarde ce cinq noir. Je te le mets sur le six rouge. »

Jodi eut un mouvement d'irritation. « Maman, s'il te plaît !

– J'essayais juste de t'aider. » À contrecœur, Mme Webb retourna s'asseoir sur le canapé. « La lettre disait autre chose ? demanda-t-elle en regardant les pages que son mari avait laissé tomber sur le sol.

Rien d'intéressant. Un blabla sur les autres solutions possibles pour Reid. Venir nous voir, sortir de vagues excuses, faire un boulot d'intérêt général. Rien que de la pommade ! »

Désolé. Vraiment. Je suis vraiment désolé.

Les mots que Luke Reid lui avait adressés dans ce parking. Malgré sa panique, Jodi les avait entendus. Ils lui revenaient même régulièrement à l'esprit. Elle se tourna vers ses parents.

« Ça changerait quelque chose s'il s'excusait ?

– Non. Parce que ce flic disait qu'il était fichu. Qu'on lui avait déjà donné toutes ses chances.

– Peut-être qu'il a juste besoin d'une chance de plus, Papa. »

M. Webb frappa rageusement son plâtre. « Une chance de plus ? Jodi, regarde-moi ! Je ne vais plus pouvoir courir pendant des mois ! Tu ne t'es pas encore mis ça dans la tête ? Ce n'est pas seulement ma jambe que ce gamin a bousillée, ce sont nos rêves ! »

Nos rêves, Papa ? songea Jodi. Ou bien les tiens ? Sais-tu vraiment ce dont je rêve ?

Elle retourna à sa patience. D'habitude, le défi l'amusait, mais pas cette fois. Elle n'avait pas la tête à ça. Une idée prenait forme dans son cerveau.

Son plan pouvait-il fonctionner ? Peut-être qu'ils avaient raison. Peut-être qu'il n'y avait rien à tirer de ce Luke Reid.

Désolé. Vraiment. Je suis vraiment désolé.

Et peut-être que si.

Mais convaincre ses parents n'allait pas être facile. Elle allait devoir se faire violence et jouer sur les liens affectifs étroits qu'elle avait passé tant de temps à essayer d'assouplir.

Des bribes de phrases lui traversaient l'esprit : Je sais que c'est beaucoup demander. S'il vous plaît. Faites ça pour moi.

Elle serra les dents. « Maman. Papa. J'ai quelque chose à vous proposer… »

3

Luke parcourut le chemin familier menant au lourd bâtiment blanc qui abritait le tribunal. Une fois à l'intérieur, il demanda à voir l'avocat de permanence.

L'avocat de permanence, expliquait la précieuse brochure que la police lui avait donnée, comme s'il ne connaissait pas encore tout ça par cœur, *est un avocat que vous pouvez consulter gratuitement au tribunal.* Et que pouvait-il faire d'autre ? Débourser une fortune pour se faire assister par un grand ponte ? Il devrait d'abord braquer une banque, ce qui l'obligerait à prendre un avocat encore plus réputé, donc à braquer une banque encore plus importante, et ainsi de suite…

Il se dirigea tranquillement vers le petit bureau réservé aux avocats de permanence. La porte était équipée d'un panneau en plastique blanc portant le nom de l'avocat du jour : *Maître Nathan Dorking, avocat à la cour.*

Luke frappa et entra sans se presser. Maître Dorking leva les yeux. D'après l'expérience de Luke, il existait deux types d'avocats de permanence : les papys proches de la retraite, et les jeunes loups qui ne faisaient que passer. Nathan Dorking appartenait à la seconde catégorie. Son visage était juvénile, mais ne respirait pas exactement la bienveillance. Luke avait l'impression de lire dans ses pensées. *Moi, je réussis, je fais mon chemin. Je ne suis pas un branleur sans avenir, comme toi.* Dorking désigna une chaise et demanda son nom au visiteur.

« Luke Reid. »

L'avocat jeta un coup d'œil résigné derrière Luke pour vérifier que personne ne le suivait. « Seul ? »

Luke hocha la tête. « Ma mère ne trouvait personne pour s'occuper de mon frère et de ma sœur. » Une fois de plus.

Dorking ne fut pas vraiment surpris. Il n'était que trop fréquent de voir des adolescents de quinze ans se présenter devant la justice sans le soutien de leurs parents.

Il prit un dossier dans une pile et le feuilleta rapidement, grommelant tout haut à la lecture de ce qui, manifestement, était une copie du casier judiciaire de Luke. « Vols à l'étalage, vols dans véhicules, vandalisme... » Il s'interrompit pour consulter une autre page, sans doute liée à l'affaire en cours, puis referma le dossier en faisant la moue. « Je suppose que vous plaidez coupable ?

– Ils ont fait tout ce qu'il fallait, hein ?

– Seriez-vous en train de me demander, s'enquit l'avocat d'un ton aigre, si je peux faire renvoyer le procès parce que quelqu'un n'a pas rempli un formulaire correctement ? La réponse est non. Je ne joue pas à ce jeu-là. »

Dommage, pensa Luke. Il avait entendu parler d'avocats habiles qui trouvaient toutes les raisons possibles et imaginables de retarder la procédure, tant et si bien que, à la fin, les témoins cessaient de se présenter et l'affaire était enterrée. Mais ces avocats-là monnayaient sans doute leurs services. Ils ne faisaient pas ce genre de chose gratuitement.

« Alors je n'ai pas vraiment le choix, non ? dit-il en haussant les épaules, mais sans dépit. Ils m'ont vu tous les deux – le type et sa fille.

– Sa fille ? »

Dorking fronça les sourcils. Il semblait sur le point d'ajouter quelque chose, mais, après avoir rouvert le dossier et parcouru un paragraphe lourdement souligné, il se ravisa. Il finit par répéter sa question de façon un peu différente, comme si Luke était un nouveau venu à qui il fallait mettre les points sur les i, et non un habitué – presque un abonné – du tribunal pour enfants :

« Je vais être clair, Luke. Vous ne comptez pas faire perdre son temps au tribunal en plaidant non coupable ? »

Luke poussa un soupir. Il commençait à croire qu'il avait assisté à davantage de procès que son avocat. « Non, répondit-il. Pas s'ils m'accusent simplement d'être *entré* dans cette voiture, non.

– Et d'avoir tenté de dérober une paire de chaussures de course, ajouta Dorking.

– Ouais, ça aussi. » Luke se pencha vers lui et s'efforça de prendre un air averti : « Mais s'ils essaient de dire que je voulais voler cette voiture, ce sera une autre histoire. Là, je nierai. Je n'ai rien à voir avec cette affaire. C'est ce que je leur ai dit au poste. »

En le cuisinant là-dessus, les flics lui avaient fait passer un sale moment – encore pire que quand ils avaient cherché à lui faire peur en disant que le type avait la jambe cassée et qu'ils songeaient à demander son inculpation pour coups et blessures. Mais, finalement, ils avaient dû reconnaître qu'ils n'avaient pas assez d'indices. Comme Luke le leur avait objecté (habilement, pensait-il), il avait *sorti* les baskets de ce 4 x 4, pas vrai ? S'il avait voulu aider les autres à le voler, il serait monté *avec eux*, pas vrai ?

L'avocat se balançait sur sa chaise, mains croisées derrière la tête. « La police admet que vous n'avez pas participé au vol du véhicule, Luke. Mais elle veut attraper ceux qui ont fait le coup et, surtout, qui ont failli écraser deux personnes. »

Luke eut envie de dire que ça ne s'était pas passé comme ça. Lee Young avait freiné et fait un écart pour les éviter. Il en était certain. Mais le dire l'aurait exposé à de nouvelles questions sur l'identité du conducteur. En outre, l'incident pouvait sans doute lui être utile : « La fille s'en est tirée grâce à moi, dit-il. Ça ne compte pas ?

– Peut-être que si. Je m'en servirai autant que possible auprès des juges. Mais il y a autre chose qui pourrait vous aider davantage.

– Quoi ? demanda Luke, comme s'il ne connaissait pas la réponse.

– Ils pensent que vous pourriez leur donner des noms, Luke. » Dorking avait laissé retomber sa chaise et le regardait droit dans les yeux.

Luke secoua la tête, impassible. « Je ne les ai pas vus, Monsieur Dorking. Pas vraiment. C'est ce que j'ai dit à la police. Vous pouvez réécouter l'interrogatoire. »

L'interrogatoire. Il s'en était bien tiré – enfin, c'était lui qui le disait. Comme d'habitude, sa mère était restée assise dans un coin sans lever le petit doigt pour l'aider, après avoir déclaré en soupirant : « Oui, je renonce à l'assistance d'un avocat. Allez-y maintenant. J'ai laissé mes deux autres gosses chez la voisine. »

Luke avait donc dû se débrouiller seul et répondre à leurs questions sans vendre la mèche.

« Raconte-moi ce qui s'est passé, Luke, comme tu t'en souviens.

– Pas grand-chose. Je suis entré dans la voiture, j'ai pris la boîte à chaussures et j'ai reculé pour sortir.

– Et alors ?

– On m'a attrapé par derrière. Ils étaient deux. Ils m'ont poussé sur le côté, ils sont montés dans le 4 x 4 et ils ont démarré.

– Tu pourrais les décrire ?

– Je ne les ai pas bien vus.

– Le propriétaire du 4 x 4 dit que vous vous êtes parlés.

– Ils m'ont crié un truc de loin. Ça ne veut pas dire que je les ai vus.

– Allez, Luke, tu te souviens bien de quelque chose.

– Ben… c'étaient des hommes. Deux hommes. »

L'agent, d'un ton dubitatif : « Des hommes ? Pas des adolescents ?

– Non.

– Quel âge ils avaient, alors ? En gros ?

– Plutôt vieux. Vingt-cinq ans, quelque chose comme ça.

– Et qu'est-ce qu'ils portaient ?

– Euh… des habits ? »

L'agent, d'un ton irrité cette fois : « Je me doute bien qu'ils n'étaient pas à poil, fiston. Quel genre d'habits ?

– Sais pas trop. Des couleurs sombres. Je les ai pas vus, je vous dis… »

Ce petit jeu s'était poursuivi un moment. À la fin, les flics chargés de l'interroger s'arrachaient les cheveux, mais il n'avait rien lâché. Il avait suivi les règles d'East Med : ne jamais balancer. Il avait lu les graffs sur les tours de la cité, comme tout le monde : *Mort aux mouchards*. S'il avait été assez bête pour donner les noms de Lee Young et Mig Russell, il aurait bien mérité son sort. Et ils ne lui auraient pas fait de cadeau. Ce n'était pas en laissant des gamins les narguer qu'ils étaient arrivés si haut.

Oui, Luke avait tenu bon. Même chose quand, un peu plus tard, les flics l'avaient fait asseoir devant un écran où défilaient des visages d'hommes entre vingt et trente ans. Ces petits vicieux avaient inséré une photo de Lee Young au milieu. Mais Luke s'y attendait. Il n'avait pas bronché, juste haussé les épaules et appuyé sur une touche pour faire apparaître le voyou suivant.

Dorking poussa un soupir résigné. « Donc vous n'avez rien à ajouter à votre déposition, Luke ? Pas d'autre souvenir depuis ?

– Non ! Qu'est-ce que vous voulez que je fasse, que j'invente quelque chose ?

– Bien sûr que non.

– Je leur ai tout raconté. Deux hommes. Je ne sais rien d'autre.

– M. Webb a une version différente. »

Le coureur olympique. « Et qu'est-ce qu'il dit ?

– Il est à peu près sûr que c'étaient des jeunes. Dix-sept, peut-être dix-huit ans. Malheureusement, il ne les a pas assez bien vus pour qu'on organise une séance d'identification. »

Trop occupé à foncer dans un pilier en béton, songea Luke. Dommage qu'il ne soit pas rentré dedans tête la première.

« Est-ce que ç'aurait pu être des adolescents, Luke ? » Dorking le dévisageait à nouveau. Cette fois, sa tactique fonctionna. Luke se vit fourrer les mains dans ses poches, se pencher en arrière sur sa chaise, fixer ses pieds – tout ce qu'il pouvait pour éviter le regard pénétrant de l'avocat. Mais il ne voulait pas, ne *pouvait* pas révéler les noms que tout le monde lui réclamait.

« Moi, j'ai eu l'impression que c'étaient des adultes, dit-il finalement. Et c'est mon dernier mot. »

Dorking soupira. « Dommage. Des noms auraient pu assouplir la position des juges. Leur donner une raison de renoncer à la peine de détention.

Luke ne put s'empêcher d'ouvrir grand la bouche. Dans la précieuse brochure qu'il n'avait jamais prise au sérieux, on pouvait lire : *Peine de détention : emprisonnement d'au moins quatre mois dans un établissement pénitentiaire pour jeunes délinquants*.

« Me coffrer ? Pour une paire de baskets ? Ils ne peuvent pas faire ça ! »

Dorking souleva le dossier de Luke et l'agita comme une aile cassée. « Pas seulement pour une paire de baskets. Pour tout le reste aussi. Vandalisme, vol à l'étalage, chapardage... Et pas une fois, mais à répétition. Vous êtes récidiviste, non ? »

Luke resta silencieux. Il n'était pas venu pour entendre ça – même gratuitement. Il était venu chercher un peu de réconfort. Il voulait qu'on lui promette quelques heures pépères à balayer des feuilles dans le caniveau. Il aurait accepté sans sourciller un boulot minable, comme frotter les murs pour effacer les graffitis. Surtout ceux qui disaient : *Mort aux mouchards*.

Mais maître Dorking n'était pas d'humeur réconfortante. Au cours de sa formation, on lui avait dit qu'il aurait à défendre des clients comme celui-ci et devrait conserver un ton égal et courtois en toute circonstance. Très bien. Mais personne ne lui avait défendu de se montrer direct.

« Luke, vous avez eu droit à des admonestations, des mises en garde, des travaux d'intérêt général… toutes les sanctions *légères*, reprit-il en martelant ses mots. Je peux me tromper, mais, à mon avis, les magistrats n'ont plus le choix. Ce sera la détention. À moins… » Il laissa sa phrase en suspens. À moins de donner des noms. À moins de devenir un mouchard.

Luke ne réagit pas. Qu'aurait-il pu dire ? Que ce Webb avait raison ? Qu'il s'était fait faucher son 4 x 4 par deux jeunes – deux jeunes qui étaient les rois d'East Med, et qui l'étaient parce qu'ils châtiaient sans pitié ceux qui transgressaient les règles ?

« Je ferai ce que je peux pour vous, Luke. Mais je n'ai pas beaucoup d'espoir. » Dorking se leva pour aller ouvrir la porte. L'entretien était terminé. « Maintenant, il faut vous présenter à l'huissier – mais je suis sûr que vous le saviez déjà. À plus tard. »

*

« Le Tribunal. Levez-vous ! »

Luke obéit. Pour une fois, il n'éprouva pas la légère irritation que lui inspirait d'habitude l'ordre tranchant de l'huissier ; il ne pensa pas à l'école, à ces ringards qui croyaient que le « respect » consistait à bondir sur ses pieds à l'instant où un prof entrait dans la salle. Il était trop chamboulé par ce que lui avait dit l'avocat.

Une peine de détention. Coffré. Et il savait où. L'établissement pour jeunes délinquants de Markham. D'autres gamins d'East Med avaient été envoyés là-bas, comme si Markham était une école spéciale et que la cité se trouvait en plein dans son secteur de recrutement. Tout le monde savait que Lee Young y était allé : il ne se privait pas de raconter combien les conditions de détention étaient dures – et combien elles s'étaient durcies pendant son séjour.

Les trois juges pénétrèrent dans la salle d'audience. Par le passé, Luke n'avait jamais fait très attention à eux. Un vieux chnoque en valait un autre. Peu lui importait qu'ils fassent ce boulot bénévolement, par souci d'aider les jeunes en difficulté. Tant qu'ils ne lui infligeaient rien de plus qu'un sermon et une sanction à peu près supportable, il se fichait de savoir qui ils étaient ou pourquoi ils étaient là. Mais, aujourd'hui, les choses étaient différentes. Si Dorking avait vu juste, ces trois-là s'apprêtaient à le faire enfermer à Markham.

« Vous pouvez vous rasseoir. »

À côté de Luke, maître Dorking cessa de se tenir au garde-à-vous et se laissa retomber sur sa chaise capitonnée. Les trois juges prirent place face à eux, derrière une longue table en teck. Ils étaient assis au même niveau que le prévenu, et non sur une estrade comme par le passé, quelqu'un ayant décidé que le spectacle des juges les regardant de haut était trop intimidant pour de jeunes voyous. Sans le solennel rideau de velours bleu tendu derrière les magistrats, on se serait presque cru dans le bureau (bien rangé, pour une fois) d'un proviseur de lycée.

Luke s'assit à son tour, tout en sachant que ça ne valait guère la peine : dès que les juges furent installés, la voix de l'huissier retentit à nouveau.

« Accusé, levez-vous. »

Maître Dorking donna à son client un coup de coude superflu. Luke savait bien que c'était lui, l'accusé. Il connaissait toute la procédure – du moins c'était ce qu'il croyait. Le greffier, un homme de petite taille à la voix de fausset, lut l'acte d'accusation. Luke plaidait-il coupable ou non coupable ?

« Coupable, monsieur. »

On lui avait dit que le « monsieur » pouvait l'aider à amadouer les juges. Tout comme la chemise, la cravate, le pantalon correct et les chaussures cirées dont il s'était affublé, même s'ils lui donnaient l'impression d'être emballé dans du film plastique. Il n'avait jamais cru à l'efficacité de ces choses-là, mais, aujourd'hui, il espérait de toutes ses forces qu'elles feraient de l'effet. *Luke Martin Reid, nous avons décidé qu'il était impossible d'envoyer un petit gars aux chaussures si brillantes dans un endroit comme Markham.*

« Merci, Luke. Tu peux te rasseoir. Maître Dorking, nous vous écoutons. »

C'était la magistrate assise au centre – une femme aux lèvres minces dont la chevelure ressemblait à une mousse légère au café. Sur sa droite se trouvait un homme encore jeune vêtu d'un élégant costume bleu. Le troisième juge était bien plus âgé ; il avait le visage ridé et l'air d'un homme qui recherche toujours le meilleur chez ses semblables.

Dorking se leva et se lança dans un petit laïus, expliquant qu'il avait discuté avec le prévenu et était convaincu qu'il regrettait ses erreurs. C'était, jugea Luke, la plaidoirie type de l'avocat commis d'office – une plaidoirie que les magistrats, à en juger par l'ennui qu'on lisait sur leur visage, avaient déjà entendue cinquante fois. Mais, quand Dorking mentionna l'aide que Luke avait apportée à Jodi Webb, ils hochèrent la tête d'un air encourageant. Ils firent de même lorsque l'avocat conclut : « Je demande également au tribunal de tenir compte du fait que mon client a plaidé coupable.

– Merci, maître Dorking », dit Mme Mousse, dont le ton bienveillant rendit espoir à Luke.

Dorking se rassit. Luke jeta un coup d'œil dans sa direction : il était déjà en train de feuilleter le dossier du prévenu suivant.

En face d'eux, les juges s'étaient rapprochés et se livraient à leur habituel conciliabule. C'était la procédure standard, Luke le savait. Il avait entendu dire que la sanction était décidée avant même le début de l'audience. Le conciliabule servait juste à vérifier que personne n'avait changé d'avis depuis. En général, les juges s'en tenaient à quelques hochements de tête bien sentis et passaient directement à la condamnation qu'ils lui avaient concoctée.

Mais, cette fois, les choses étaient différentes. Les trois magistrats paraissaient indécis. Au centre, Mme Mousse tripotait une feuille de papier que les deux autres regardaient aussi. Enfin, comme ils lui adressaient des signes plutôt encourageants, elle se tourna vers le prévenu.

« Luke, j'aimerais te poser une question. Si tu étais assis à ma place… quelle punition te donnerais-tu ? Que penses-tu avoir mérité ? »

Cette question le stupéfia. Pour la première fois de sa vie ou presque, il n'avait pas de réponse toute prête. Il savait ce qu'il voulait : tout, sauf rester enfermé quatre mois avec les gros durs et les psychopathes de Markham. Mais ce qu'il *méritait*…

Il ne parvint qu'à murmurer : « Je sais pas, m'dame. »

Mme Mousse changea de tactique. « Tu vois ce symbole ? Regarde-le bien. »

Elle s'était retournée et montrait, en se penchant pour que Luke puisse le voir, l'imposant blason brodé sur le rideau de velours bleu – un lion et une licorne qui se faisaient face de part et d'autre d'un grand bouclier.

« Tu vois ces mots en bas ? Tu sais ce qu'ils signifient ? »

Luke examina le rouleau de parchemin qui serpentait à la base du blason. *Honni soit qui mal y pense.* Il secoua la tête en s'efforçant de ne pas montrer qu'il s'en fichait un peu.

« En gros, reprit Mme Mousse, cette phrase signifie : *« Honte à qui a de mauvaises pensées.* » Manière de nous rappeler que, si nous sommes ici, c'est pour nous assurer que tu regrettes ce que tu as fait. » Elle se tourna de nouveau vers Luke. « Est-ce le cas ? »

Cette fois, Luke savait ce qu'on attendait de lui. « Oui, M'dame, je regrette », dit-il avec toute la conviction d'un récidiviste qui ne veut pas aller en taule. Sa réponse ne trompa personne.

« J'en doute, dit Mme Mousse en pinçant sévèrement les lèvres. Avec un casier judiciaire pareil, j'en doute fortement. »

Elle échangea quelques coups d'œil avec ses collègues puis reprit : « Et nous avons tous les trois le même sentiment, si bien que, sans cette lettre, nous t'enverrions aujourd'hui dans un établissement pénitentiaire pour jeunes délinquants… »

Luke fixa la feuille qu'elle avait entre les mains – celle qu'ils regardaient tous depuis tout à l'heure. Une lettre ? Mais de qui ? Aucune importance, si ça pouvait lui éviter Markham !

« Écoute bien, Luke, dit Mme Mousse. C'est dans ton intérêt. »

Luke se redressa et s'efforça de prendre l'air attentif. Il n'avait toujours aucune idée de ce dont il s'agissait. Lentement, d'une voix agréable, Mme Mousse se mit à lire.

À l'attention du tribunal pour enfants
Objet : Luke Reid

La police nous a informés que Luke Reid était accusé de s'être introduit dans notre voiture, mais qu'il n'était pas impliqué dans le vol de celle-ci.

Nous savons également qu'il a déjà eu de nombreux ennuis avec la justice et risque cette fois d'être condamné à une peine de prison.

Toutefois, dans la mesure où Luke Reid, avant de s'enfuir, est venu en aide à notre fille, nous aimerions suggérer une sanction différente. Nous avons cru comprendre qu'il pouvait être condamné à un travail qui l'aide à prendre conscience des conséquences de ses actes pour autrui.

Le moral de Luke remontait de seconde en seconde. Qu'allaient-ils proposer ? En tout cas, c'était forcément mieux que Markham ! Il continua à fixer Mme Mousse en s'efforçant de ne pas sourire. Quelques secondes plus tard, l'envie de sourire lui passa complètement.

Nous proposons donc que Luke Reid travaille quelque temps auprès d'un groupe de personnes particulier que nous nous efforçons d'aider depuis des années : les déficients visuels.

Luke s'interrogea un instant sur le sens de « déficient visuel ». Puis cela lui revint : aveugle. On lui demandait de travailler avec les aveugles. Pourquoi ?

Mme Mousse reposa la feuille et, s'adressant directement à Luke : « Cette lettre est signée de la famille Webb. De M. et Mme Webb et de leur fille Jodi. À mon sens, des personnes tout à fait remarquables. »

Elle jeta un nouveau coup d'œil à ses collègues, qui hochèrent la tête. Sans grande conviction, mais ils le firent quand même. « Eh bien, Luke, voici ce que nous te proposons. Nous allons te condamner à ce que nous appelons une peine de détention et formation. En principe, cette peine consiste en deux mois de prison, suivis de deux mois de travail d'intérêt général. Mais nous allons inverser ce processus. Comme l'ont suggéré les Webb, tu iras travailler à leurs côtés les deux premiers mois. Si, à la fin de cette période, le rapport de ton agent de probation est favorable, tu poursuivras ce travail pendant encore deux mois. Si tu obtiens un mauvais rapport, tu iras en prison. Il s'agit d'une mesure tout à fait inhabituelle, et je ne te cacherai pas qu'elle nous paraît assez hasardeuse. »

Mme Mousse fit une pause pour permettre à Luke d'assimiler ses paroles, puis reprit : « Nous ne pouvons pas forcer les délinquants à rencontrer leurs victimes, Luke. Il va falloir que tu donnes ton accord. Donc… es-tu d'accord ? »

D'accord ? Luke ne savait pas quoi dire. Les pensées se bousculaient dans sa tête. Rencontrer le coureur olympique et sa pleurnicheuse de gamine ? Ça n'allait pas être de la rigolade. Quand il volait, il ne pensait jamais aux gens qu'il dépouillait. Et, en plus, on voulait le faire travailler avec des *aveugles* ?

Ces réflexions furent interrompues par un chuchotement autoritaire. Dorking s'était penché vers lui et lui mangeait presque l'oreille. « C'est soit ça, soit le prochain bus pour Markham. À vous de voir. »

Dit comme ça, que pouvait-il répondre ? « Oui, m'dame. Je suis d'accord. »

Le visage de Mme Mousse resta impassible. La masse de cheveux s'inclina juste légèrement lorsqu'elle dit : « Parfait. Et, Luke, je te conseille de ne pas laisser passer cette chance de rester en liberté. C'est la dernière à laquelle tu auras droit.

– Merci, m'dame. » Luke connaissait son texte.

« As-tu quelque chose à dire avant que je lève l'audience ? Y a-t-il quelque chose que tu ne comprends pas ? »

Luke n'avait pas projeté de dire quoi que ce soit. Il ne l'avait jamais fait auparavant. Ne dis rien et ils ne pourront rien utiliser contre toi, tout le monde connaissait cette règle. Mais une question continuait à le tarabuster, et il ne put se retenir de la poser :

« Pourquoi les aveugles ? »

Mme Mousse reprit la lettre des Webb.

Bientôt, elle et ses collègues feraient entrer le prévenu suivant, comme si les jeunes délinquants se pressaient l'un derrière l'autre sur un interminable tapis roulant. Trop souvent, elle retrouvait les mêmes visages : on aurait dit que ces jeunes ne pouvaient ou ne voulaient pas quitter le tapis. Mais, de temps à autre, elle avait une lueur d'espoir. C'était le cas en ce moment.

« Voilà qui devrait répondre à ta question, Luke. C'est le post-scriptum que les Webb ont ajouté à leur lettre :

Jodi demande au tribunal d'attendre que Luke Reid ait accepté notre offre pour l'informer qu'elle est aveugle depuis sa plus tendre enfance. »

4

Luke se présenta aux endroits où on lui demandait de se présenter et remplit les formulaires qu'on lui demandait de remplir. À la fin, il était presque midi. Les cours ne reprendraient qu'après le déjeuner – il verrait bien s'il allait au lycée ou pas.

Il sortit du tribunal et se dirigea vers le Pont. C'est ainsi que tout le monde l'appelait dans son quartier, peut-être pour redorer un peu le blason de la passerelle rouillée et menaçant ruine qui séparait la ville historique de la cité d'East Med. D'ailleurs, le nom d'« East Med », qui évoquait des images de Méditerranée ensoleillée, était tout aussi trompeur. C'était une abréviation d'East Meadows, « les prés de l'Est », sans doute parce que les tours de béton et les maisons standardisées de la cité avaient pris la place de prés pleins de pâquerettes.

Franchir le Pont, c'était comme quitter une région fertile pour pénétrer dans un désert. Malgré l'exode des grands magasins vers la périphérie, la ville restait le lieu où il fallait être, le lieu qui concentrait toute l'animation, toute la vie sociale – et presque tout l'argent. Une adresse « en ville », même éloignée du centre, vous conférait un statut, une respectabilité.

Dès qu'il s'engageait sur le Pont, Luke laissait tout cela derrière lui. Parfois, il s'arrêtait au milieu et regardait l'autoroute à huit voies qui passait en contrebas en se demandant à quoi ressemblait cet endroit autrefois. Puis il poursuivait son chemin. En atteignant l'extrémité du Pont, il pénétrait officiellement dans East Med, et aussitôt tout était différent.

À l'origine, la cité avait été construite pour les ouvriers des usines et des docks longeant la Tamise, qui coulait au sud. Un temps, East Med avait été un lieu animé, qui attirait des travailleurs d'un peu partout ; mais un temps seulement.

Ensuite, les industries avaient périclité et fait faillite, laissant leurs ouvriers sans emploi. À mesure que les gens quittaient la région, East Med avait dépéri. Il ne resta bientôt plus que ceux qui ne voulaient ou ne pouvaient pas s'en aller. Cela se passait à peu près à l'époque de la naissance de Luke.

Enfin, quand celui-ci avait cinq ou six ans, les pouvoirs publics avaient réagi. Les usines et les docks désertés, dont tout le monde savait qu'ils ne reviendraient plus à la vie, avaient été rasés. À leur place, on avait érigé Riverside, un vaste paradis commercial regorgeant de produits dernier cri. Le fait que, pour la plupart des habitants d'East Med, ces produits étaient inabordables ne préoccupait visiblement personne. Riverside prospérait grâce aux clients venus de la ville, bien sûr, mais aussi de plus loin : tous les week-ends, ils débarquaient, en voiture ou en car, attirés par le centre commercial comme des guêpes par un pot de confiture.

Après avoir franchi le Pont, Luke traversa sans se presser la partie la plus agréable d'East Med. Il y avait là de nouvelles maisons, pas luxueuses, mais nettement plus présentables que dans le reste de la cité. Dans les petits jardins donnant sur la rue, on voyait des pelouses, et non des déchets trimballés par le vent ; des pousses de jonquilles et de crocus, et non des briques et des pièces de vélo corrodées.

Comme d'habitude, Luke sentit la colère l'envahir. Quand viendrait leur tour d'avoir une maison comme celles-ci ? Sa mère disait sans arrêt qu'il fallait être patient, que la cité tout entière allait être détruite et reconstruite. Et c'était vrai. Après avoir fait ériger Riverside, quelqu'un, dans un sursaut de conscience morale, s'était dit qu'il était temps de bâtir des logements décents. Si bien que, comme dans un jeu de coloriage, des maisons rouges et des jardins verts venaient progressivement égayer la vilaine étendue grise.

Peut-être que sa mère avait raison. Peut-être que ce serait bientôt leur tour. Mais Luke demandait à le voir pour le croire. Pour l'instant, il ne pouvait même pas *imaginer* qu'ils échapperaient un jour à l'univers gris et sombre qui constituait leur environnement quotidien.

La résidence Foxglove se dressait maintenant devant lui. Foxglove, ou « digitale pourpre ». Comme s'il ne suffisait pas d'habiter un immeuble dégradé : il fallait en plus qu'il porte le nom d'une fleur sauvage. Ça prouvait bien le je-m'en-foutisme des urbanistes qui avaient conçu ce trou. Un jour, Luke avait cherché la fleur dans un livre. Les digitales poussaient sur la lande ou dans les bois, pas dans les prés. Pour pousser dans un pré, avait-il appris, il fallait être quelque chose comme un pissenlit – assez fort pour écraser tout ce qui vous gênait.

Il poussa les portes rouges décolorées. C'est à ce moment que Young et Russell lui tombèrent dessus. Russell lui immobilisa les bras d'une main vigoureuse tandis que Young se campait devant lui, souriant avec la douceur d'un tigre prêt à bondir sur sa proie.

« Je suis content de toi, petit, dit-il. Très content. T'as peut-être pas les yeux dans ta poche, mais t'es parfait pour fermer ta gueule. »

Même s'il en avait eu l'intention, Luke n'aurait pas pu répondre : avec la seconde main de Russell plaquée sur sa bouche, difficile d'émettre autre chose qu'un couinement. Il avait beau s'attendre à ce moment, son cœur battait à tout rompre.

Oui, il s'y attendait. Après tout, Young et Russell n'avaient pas bâti leur réputation en encourageant les gens à les dénoncer. Quelques menaces et deux ou trois coups suffisaient généralement à s'assurer que les témoins perdaient la mémoire ou trouvaient mieux à faire que de se rendre au tribunal.

Ils n'avaient pas eu l'occasion d'agir le jour du vol, bien sûr. Tandis qu'on transportait Webb aux urgences, Luke s'était retrouvé directement au poste. N'ayant pas été invités à s'y présenter juste après, les deux complices avaient dû en conclure que le gamin avait tenu sa langue.

« Ouais, je suis content de toi, répéta Young – ou plutôt content *pour* toi. Parce que si l'envie te prenait de nous balancer, tu serais vraiment dans la merde. Pigé ? Et je te jure que t'as pas envie de me croiser quand je suis énervé. Pas vrai, Mig ? »

Russell se mit à rire et laissa retomber la main qui bâillonnait Luke, comme si faire deux choses à la fois était au-dessus de ses moyens. « Ouais, c'est clair. T'es un vrai…

– Je suis pas un mouchard ! s'écria Luke. Jamais je balancerais quelqu'un. Surtout pas vous deux. J'ai trop de respect.

– Ah ouais ? fit Young. Tu sais qui on est ?

– Lee Young et Mig Russell ? demanda Luke. Tout East Med sait qui vous êtes.

– Alors tu dois savoir que les flics aimeraient bien nous mettre la main dessus. Mais ils n'ont aucune chance. On est trop malins pour eux. Leur seule chance, c'est que quelqu'un désobéisse aux règles et nous balance. Au cas où ils t'interrogeraient encore, on voulait être sûrs que tu sais exactement ce qui t'attend si tu caftes… »

Au même moment, Russell remit sa main sur la bouche de Luke et Young plongea la sienne dans sa poche. Quand il l'en ressortit, Luke se raidit : il venait d'apercevoir l'éclat d'une lame.

Young s'approcha d'un pas, l'air amusé, en faisant sauter son couteau d'une main dans l'autre.

Luke baissa les yeux, et ce qu'il vit faillit lui faire pousser une exclamation de surprise assez déplacée – heureusement que la grosse patte de Russell était là pour l'en empêcher. Le couteau de Young n'était pas l'arme redoutable, l'instrument de boucher qu'il imaginait. Le manche était rouge avec une petite croix blanche : c'était un couteau suisse – le genre qui a un crochet pour curer les sabots des chevaux !

Quelques secondes plus tard, Luke regrettait d'avoir douté de son héros. Young avait posé la lame froide du couteau sur sa pommette et il sentait la pointe, affûtée et pénétrante, juste au-dessous de son œil. Un couteau capable d'ôter des cailloux d'un sabot n'aurait aucun mal à faire sauter un globe oculaire…

La voix glaciale de Young souffla dans son oreille : « Tu vois, morveux, si tu caftais… si tu nous balançais… (la pointe du couteau appuya un peu plus et Luke ferma les yeux de toutes ses forces) tu t'en repentirais. Après ça, tu te reconnaîtrais plus en te regardant dans la glace. D'ailleurs, tu te *verrais* peut-être même plus dans la glace. Pigé ? »

L'étreinte puissante de Russell empêchait Luke de bouger, et plus encore de parler. Il parvint juste à remuer très légèrement la tête. Young comprit qu'il s'agissait d'un oui. Lentement, perversement, il fit glisser la lame sur la mâchoire de Luke… Puis ferma le couteau et le remit dans sa poche. « OK. Lâche-le, Mig. »

Russell libéra Luke. Celui-ci s'aperçut alors que ses jambes tremblaient. Il s'affaissa lourdement contre la porte métallique de l'ascenseur.

En le voyant flancher, Young – qui, de toute évidence, adorait terroriser plus faible que lui – devint presque causant.

« T'as su qu'on avait mis le feu à la bagnole ?

– Ouais », répondit Luke.

Les flics le lui avaient dit avant de le faire asseoir devant l'écran où défilaient les photos des suspects, comme s'ils voulaient ainsi accentuer la pression. Pauvres types. Qu'est-ce qu'ils espéraient, le faire pleurer sur le sort du coureur olympique ? Tout le monde savait que l'assurance lui paierait une nouvelle bagnole.

« On n'avait pas le choix, dit Young. Fallait bien qu'on élimine toutes nos traces. Pour le cas où tu nous aurais balancés. Dommage. Elle aurait pu nous rapporter pas mal. Y a plein de clients pour les 4 x 4. » Il se tourna en ricanant vers Russell. « Pas faciles à chourer, hein, Mig ?

– Sauf quand on les laisse ouvertes, comme l'autre con », s'esclaffa son acolyte.

Peut-être était-ce le soulagement d'avoir toujours deux globes oculaires bien en place ; peut-être était-ce le désir de les impressionner, ou de leur prouver qu'il était réellement de leur côté. Quoi qu'il en soit, Luke ne put se contenir :

« Il l'avait pas laissée ouverte, dit-il rapidement. C'est moi qui l'ai ouverte. »

Young lança un clin d'œil à Russell. « Ah ouais ? Et comment t'as fait ça ? T'as pété la vitre et tu l'as remplacée vite fait ? Parce qu'elle était nickel quand on est arrivés.

– J'ai crocheté la serrure.

– T'as quoi ? gloussa Young, toujours amusé. Impossible. Les serrures de 4 x 4, c'est du solide.

– Je l'ai crochetée. Sérieux. »

Prenant exemple sur Young, Russell s'appuya nonchalamment contre le mur ; il ne céda pas à son penchant naturel – faire bouffer sa chaussure à ce gamin pour l'obliger à fermer sa grande gueule.

« Tu racontes des craques, morveux, dit-il. Lee s'y connaît. C'est un expert. Les 4 x 4, c'est aussi dur d'y entrer que… » Ne sachant comment compléter sa comparaison, il éluda la difficulté : « que n'importe quoi. Donc tu la boucles, OK ? »

Le conseil était bon, et Luke regretterait un jour de ne pas l'avoir suivi. Mais, dans l'immédiat, il était trop heureux de pouvoir épater ses héros.

« C'est vrai ! Je sais crocheter les serrures. C'est facile. »

Le sourire de Young s'était évanoui. Il tolérait ce genre de frime, mais jusqu'à un certain point. Au-delà, c'était un manque de respect. Le couteau ressurgit dans sa main. « Prouve-le, alors. »

Luke déglutit douloureusement. « Je… Je n'ai pas ce qu'il me faut, bredouilla-t-il.

– Et il te faut quoi ? » demanda Russell. Il n'était plus affalé contre le mur mais avait fait un pas en avant, poings serrés.

« Mon outil, dit Luke. Je… J'arrive juste du tribunal. Je ne pouvais quand même pas l'emporter là-bas. Il est en haut. Chez moi.

– Quel genre d'outil ? » demanda Young. Il jouait avec son couteau, sortant les lames une à une.

Luke transpirait. « C'est difficile à décrire. Une lame fine. Un peu… un peu comme celle-là ! »

Young venait de sortir juste la bonne. Ce que les soldats suisses pouvaient bien faire avec ça, Luke n'en avait aucune idée. La lame n'était pas parfaite, mais elle ferait l'affaire.

Il tendit la main vers Young. « Tu me prêtes ton couteau ? »

Young se rembrunit, méfiant. « Pour quoi faire ?

– Pour te le prouver, dit Luke. Je vais ouvrir ça. »

Il désignait un petit placard situé juste à côté de l'ascenseur. À l'intérieur se trouvaient les commandes que le mécanicien actionnait pour dépanner l'appareil – enfin, quand il prenait la peine de se déplacer. Le placard possédait une serrure. Rien de bien compliqué. Luke en viendrait à bout sans problème.

Il fit donc sa petite démonstration. Young et Russell le serraient de près pour le cas où il aurait la bêtise de tenter de s'échapper. Il introduisit la lame dans la serrure et, en fermant les yeux, la sentit devenir une extension de ses doigts... Puis il la manipula doucement, la faisant tourner dans un sens et dans l'autre pour trouver les goupilles. Enfin, avec un petit clic, le battant s'ouvrit.

« Vous voyez ? Qu'est-ce que je vous disais ? » fit Luke avec un sourire triomphant.

Il leur en avait bouché un coin. Les yeux de Young s'étaient agrandis ; la mâchoire de Russell pendait. Luke referma le couteau et le rendit à son propriétaire.

« Impressionnant, petit, dit Young. Et tu penses pouvoir faire ça avec toutes les serrures ? Aussi vite ?

– Pas toutes. Y en a qui sont vicieuses. Mais la plupart, ouais. »

Young échangea quelques coups d'œil avec Russell. Puis, d'un petit mouvement de tête, il donna le signal du départ. Non sans avoir prononcé cette phrase, qui devait hanter Luke au cours des semaines à venir :

« Tu pourrais m'être utile, petit. *Très* utile. À la prochaine. »

5

La vieille voiture bleue de Viv Defoe attendait Luke au coin d'une rue, à deux pâtés de maisons du lycée. Luke savait que son agent de probation (c'était encore ainsi qu'il l'appelait, bien que Viv fût maintenant étiqueté « agent de prévention de la délinquance juvénile », ou quelque chose de tout aussi fumeux) avait choisi avec soin le point de rendez-vous. Pas trop près du lycée, pour que Luke ne se sente pas espionné, mais pas trop loin non plus, pour qu'il n'en profite pas pour sortir à l'avance.

« Content de te revoir, Luke », dit Viv en ouvrant la portière du passager.

Luke monta dans la voiture et, à la troisième tentative, parvint à refermer la portière déglinguée. « Quand est-ce que tu t'achètes une nouvelle bagnole, Viv ?

– Quand tu arrêteras d'entrer dans celles des autres », répondit Viv, tout en souriant pour le mettre à l'aise.

Viv était comme ça. Grand et baraqué – on n'avait aucune envie de s'y frotter. Il aurait pu jouer les caïds dans n'importe quelle cité. Le bruit courait d'ailleurs que c'était exactement ce qu'il faisait autrefois, au nord, du côté de Manchester. Luke n'avait jamais eu le cran de lui demander si c'était vrai.

En tout cas, aujourd'hui, rien ne laissait soupçonner un tel passé : Viv était aussi rangé qu'on peut l'être. Il ne portait pas d'uniforme, n'arborait pas de badge, mais tous les jeunes savaient de quel côté il était. La plupart l'avaient entendu parler au lycée, où il intervenait régulièrement sur des sujets tels que la délinquance des mineurs. Et beaucoup, comme Luke, l'avaient fréquenté plus officiellement après un passage au tribunal. Tous savaient qu'il ne rigolait pas avec son boulot, qu'il ne les ménagerait pas, mais que jamais il ne les traiterait comme des moins que rien.

« Content que ce soit toi, dit Luke. La dernière fois, j'ai eu le vieux Hopalong. J'ai failli mourir intoxiqué par ses Camel chaque fois que je le voyais. »

Viv réprima un sourire, mais ne mordit pas à l'hameçon. « M. Hopgood vient d'arrêter de fumer. Grâce aux pastilles à la menthe. » Il jeta un coup d'œil à Luke. « Peut-être que tu devrais essayer. Peut-être que ça t'aiderait à arrêter de voler. »

Luke sentit son visage s'empourprer. Curieusement, une pique de Viv, même aussi inoffensive que celle-là, lui faisait plus d'effet que tous les sarcasmes de M. Harmer réunis.

« J'ai essayé, Viv. C'est juste… » Luke haussa les épaules. « Je sais pas. Je peux pas l'expliquer. Peut-être que c'est de famille ?

– Peut-être. Mais il n'y a pas de loi qui veut ça.

– Tu as sans doute raison. » Luke se mit à rire.

« Tu crois que les pastilles à la menthe m'aideraient, alors ?

– Non, répondit Viv avec sérieux. Mais j'espère que cette visite, elle, peut enclencher quelque chose. Tu as fait le bon choix en acceptant. »

Luke, qui n'en était plus si sûr, resta silencieux et se mit à observer la route à travers le pare-brise. Viv s'était faufilé avec précaution dans les petites rues d'East Med pour rejoindre l'autoroute. Jusque là, rien de surprenant : Luke n'avait pas imaginé une seconde que M. Webb, propriétaire d'un 4 x 4 et d'une paire de baskets tape-à-l'œil, végétait dans ces quartiers mal famés. Les Webb habitaient en ville, forcément.

Il fut donc surpris de constater que Viv continuait tout droit au lieu de prendre la sortie pour le centre.

« On va où, alors ? demanda-t-il d'un ton qui se voulait détaché.

– Rigby Road.

– Rigby Road… ? » répéta Luke en écho. Si un nom revenait régulièrement dans les nouvelles locales, c'était bien celui-là. Cette rue passait pour être une zone de guerre. « À West Med ? » ajouta-t-il. Mais il connaissait la réponse.

West Med était la cité miroir d'East Med. Toutes deux avaient été bâties à peu près au même moment, de part et d'autre de la zone industrielle désormais ensevelie sous le rutilant complexe de Riverside. Cités jumelles à l'origine, donc. Mais, tandis qu'East Med bénéficiait d'un lifting progressif, West Med ne savait toujours pas quand débuterait le sien.

« Oui, à West Med, confirma Viv. Ça te surprend ?

– Ouais. Je veux dire, avec ce genre de 4 x 4, je pensais qu'ils seraient…

– En ville, hein ? Pleins aux as ? Non, Luke. Ils emmènent leur fille Jodi dans un tas d'endroits, donc ils ne voulaient pas prendre de risques avec une vieille caisse comme celle-ci. » Viv tapota son tableau de bord délabré. « Ils se sont endettés – lourdement endettés – pour acheter une voiture plus récente et plus fiable. »

Et grâce à toi ils ne l'ont plus. Viv ne l'avait pas dit (ce n'était pas son genre), mais Luke soupçonnait qu'il n'en pensait pas moins. Le petit malin, il essayait de le culpabiliser. Mais ça ne marchait pas.

« Et alors ? Ils en auront sans doute une encore mieux avec l'argent de l'assurance. »

C'était comme ça que ça marchait, tout le monde le savait. Luke avait entendu parler de gens qui faisaient des déclarations de vol pour des télés jetées à la décharge, et de dégât pour des tapis qu'ils avaient soigneusement aspergés de peinture.

« Aucune chance, répliqua Viv. À moins de réussir à emprunter encore plus, ils pourraient bien se retrouver sans voiture du tout. »

Luke ne comprenait pas. « Comment ça ?

– L'assurance ne rembourse que la valeur de la voiture au moment de l'accident ou du vol. M. Webb ne récupérera pas tout l'argent qu'il a dépensé pour l'acheter neuve. S'il veut en retrouver une aussi bien, il risque donc de devoir faire un nouvel emprunt. Et tu peux être sûr qu'il aura perdu son bonus. Peu de gens paient le supplément qui permet de le conserver. Quelle que soit la voiture qu'il achète, ça lui coûtera sans doute beaucoup plus cher de l'assurer.

– C'est injuste, dit Luke.

– Faux. C'est parfaitement normal. Les compagnies d'assurance ne peuvent pas dépenser plus qu'elles ne gagnent. Ce sont des entreprises privées : il faut qu'elles fassent des profits. Soit elles réclament plus d'argent aux Webb, soit elles augmentent légèrement la facture de tous les propriétaires d'automobiles. En général, elles font un peu les deux. Chaque voiture qui se fait voler me coûte donc de l'argent. Et ça, c'est injuste ! »

Ils avaient atteint la sortie pour West Med – une bretelle aboutissant à un rond-point. Viv savait quelle direction prendre, et heureusement, car le panneau indicateur était recouvert d'un drap blanc déchiré portant une annonce peinte en lettres maladroites : *Darren Byars, 6 ans aujourd'hui !*

Tant mieux pour le prénommé Darren, pensa Luke. Il s'apprêtait sans doute à se gaver de bonnes choses pour son anniversaire. Il n'avait pas l'estomac noué, lui.

Car, à son grand désarroi, c'était exactement ce qui arrivait à Luke. Jusqu'ici, il s'était senti plutôt bien. Les Webb n'étaient rien d'autre qu'un nom. Même le fait que leur fille soit aveugle ne l'avait pas trop perturbé. OK, il la plaignait un peu : ça ne devait pas être marrant d'être privé de télé à vie. Mais les Webb n'étaient qu'un nom, pas des personnes en chair et en os. Or, les choses allait changer, et c'était seulement maintenant qu'il en prenait conscience.

Rigby Road était un grand arc de cercle bordé de maisons mitoyennes à l'air fatigué. Aucune ne possédait de garage. Viv s'arrêta devant l'une d'entre elles. Elle ressemblait en tout point à ses voisines, à ceci près que le minuscule jardin donnant sur la rue avait été bétonné pour accueillir une voiture. La place était vide.

Mme Webb était une femme menue à la tenue proprette, aux cheveux tirés en arrière. Elle ouvrit la porte avant même que Viv ait eu le temps de sonner. Mais cet empressement n'avait visiblement rien à voir avec de l'enthousiasme.

« Entrez », dit-elle simplement.

Viv et Luke obéirent. Le premier eut droit à un sourire hésitant, le second à un regard anxieux qui ne fit qu'aggraver son malaise. Mme Webb referma doucement la porte et, sans rien ajouter, les escorta le long du petit couloir. Luke entendait de la musique à l'étage – un rythme lourd qui faisait écho aux battements de son cœur.

À la suite de Mme Webb et de Viv, il pénétra dans un salon de dimensions modestes. En un coup d'œil, il enregistra différents détails : la petite table à manger carrée où traînait une patience inachevée ; la bibliothèque reléguée dans un coin ; le sol parfaitement dégagé. Il remarqua ensuite, sur sa droite, une paire de fauteuils décolorés, assortis au canapé tout aussi usé qui leur faisait face. Et, allongé sur le canapé, un homme dont la présence n'était pas faite pour le rassurer – un homme qui, la dernière fois qu'il l'avait vu, vociférait à l'arrière d'une ambulance.

« Désolé de ne pas me lever, grommela M. Webb. J'aimerais bien, mais c'est tout simplement *impossible*. Grâce à notre jeune ami ici présent. »

Viv ne releva pas la remarque. Il demanda juste s'ils pouvaient s'asseoir. La maîtresse de maison, toujours silencieuse, désigna les deux fauteuils. Viv en prit un et fit signe à Luke de prendre l'autre. Mme Webb apporta l'une des chaises qui entouraient la table et s'assit à son tour.

« Eh bien, allons-y », dit sèchement M. Webb. Il était manifestement d'une humeur détestable. Viv fit semblant de ne pas le remarquer.

« Je préférerais attendre Jodi, dit-il calmement.

– Elle nous rejoint bientôt. Elle a des devoirs à finir. Tous les gamins du coin ne passent pas leur temps à ratisser les rues. »

Luke sentait le regard de M. Webb braqué sur lui : ses yeux cherchaient ceux de l'adversaire, comme avant un combat de boxe. Aucune chance, mon pote. Luke garda la tête baissée, fixant un bout de moquette râpée.

Viv ouvrit un carnet sur ses genoux et sortit un stylo. « Bon… Alors commençons peut-être par le plus élémentaire. Comme vous le savez, et comme Luke le sait aussi, cette entrevue doit lui permettre de vous présenter ses excuses en personne…

– C'est un peu tard, non ? aboya Webb.

– Monsieur Webb, s'il vous plaît. Je sais que ce n'est pas facile pour vous, mais, croyez-moi, c'est tout aussi difficile pour Luke. Lui non plus n'était pas obligé d'accepter cette rencontre. »

La remarque ne fit aucune impression sur M. Webb. « C'était ça ou la taule, pas vrai ? Il a juste choisi le moins dur.

– Le moins dur ? Je n'en suis pas si sûr, Monsieur Webb. Et si Luke pense la même chose que vous, il risque d'être désagréablement surpris. Donc je reprends, si vous le permettez… »

Luke admirait le calme de Viv – comme si sauver un pauvre adolescent des griffes de cet enragé était une opération de routine. En tout cas, il avait momentanément coupé le sifflet à Webb. Mais il se tournait maintenant vers Luke :

« Luke, tu as peut-être quelque chose à dire. »

À dire ? Non, il n'avait rien à dire, pas un mot, ni maintenant ni plus tard. Mais il savait bien que se taire ne l'avancerait à rien. Le moment était donc venu de débiter le petit discours qu'il avait préparé, en s'efforçant d'avoir l'air sincère et en espérant que le vieux l'écouterait sans lui envoyer sa jambe plâtrée dans la figure.

« Euh... J'aimerais m'excuser d'être entré dans votre voiture... Je sais que c'était mal et je ne le ferai plus... Je ne pensais pas qu'elle se ferait voler... »

Luke avait eu beau faire court, M. Webb frémissait comme un volcan qui couve. Il finit par exploser, incapable de se contenir plus longtemps.

« Et pourtant elle a *été* volée ! Et brûlée ensuite ! On n'a plus de voiture. Et ma femme ne conduit pas, ce qui veut dire qu'aucun de nous ne peut plus se déplacer ! » Il pointa un doigt furibard vers Luke. « Tout ça à cause de lui ! »

Viv tenta de s'interposer : « Ce n'est pas Luke qui a volé votre...

– Non, l'interrompit M. Webb, mais la police m'a confié qu'il savait sans doute qui c'était. Simplement, il refuse de le dire. Pourquoi ? Soit parce qu'il est dans le coup, soit parce qu'il a la trouille ! »

Luke risqua un coup d'œil dans la direction de M. Webb. Il semblait au bord de l'apoplexie – et on ne pouvait guère le lui reprocher.

Pourtant, à la grande surprise de Luke, Viv posa son stylo et se leva.

« Monsieur Webb, Madame Webb… (il se tourna vers cette dernière, bien qu'elle n'eût pas dit un seul mot jusque-là). Je crois que je vais devoir interrompre cet entretien. Avec tout le respect que je vous dois, il me semble que vous ne prenez pas les choses comme il faut.

– Et comment faudrait-il les prendre ? » intervint enfin Mme Webb. Sa voix tremblait d'émotion, mais, contrairement à son mari, elle semblait réellement désireuse de connaître la réponse.

Sans se rasseoir, Viv déclara : « Le tribunal a condamné Luke à suivre un « plan d'action ». Cela signifie, entre autres, qu'il est censé travailler pour réparer une partie des dommages qu'il a causés. »

Avec une grimace de douleur, M. Webb se dressa sur son séant. « Ah ouais ? Et j'imagine qu'il va faire des miracles ? Guérir ma jambe en y posant les mains ?

– Allan, chuchota Mme Webb, parle plus bas ! »

Luke avait vaguement conscience que le battement sourd provenant de l'étage supérieur s'était tu. La fin du morceau, peut-être. Mais Mme Webb se levait, souriant à Viv d'un air embarrassé. « Je ne pense pas que ce soit une bonne idée, Monsieur Defoe. Je pense que nous avons tous fait une erreur.

– Ça me paraît clair », dit Viv.

Il était contrarié à présent, Luke le voyait, même s'il savait que Viv ne se foutrait pas en rogne ouvertement. Ce n'était pas son genre.

« Bien sûr, reprit-il, je vais devoir informer le tribunal que vous avez changé d'avis. Ça ne posera pas de problème. C'est votre droit. C'est vous les victimes, personne ne l'oublie. Mais ce que j'aimerais savoir, c'est : pourquoi ? Pourquoi avoir écrit cette lettre si vous étiez si remontés ? »

M. et Mme Webb échangèrent un coup d'œil, comme si chacun préférait laisser l'autre répondre. En l'occurrence, quelqu'un s'en chargea pour eux.

« C'est moi qui les ai convaincus. C'était mon idée. »

Jusqu'alors, Luke avait résolument gardé la tête baissée. Cette résolution s'évanouit à l'instant où Jodi Webb pénétra dans la pièce.

Depuis que Mme Mousse, la magistrate, lui avait dit qu'elle était aveugle – comme si cette circonstance aggravait sa faute -, Luke se demandait pourquoi il n'avait rien remarqué dans ce parking. Il se disait qu'il s'était laissé tromper par les apparences : les aveugles étaient censés se balader avec une canne blanche et des lunettes noires, non ? Jodi Webb n'avait rien de tout ça. Les aveugles ne devraient pas avoir l'air de gens normaux.

Du coup, lorsqu'elle entra, Luke ne put s'empêcher de la scruter en quête d'indices.

Il n'en trouva aucun dans son accoutrement. Avec son T-shirt noir à éclaboussures de couleur, son pantalon *boot-cut* et sa veste en jean clair clouté, Jodi ressemblait à n'importe quelle autre adolescente. À vrai dire, elle était plus mignonne que la plupart des filles qu'il connaissait.

Plus surprenant encore : les yeux de Jodi, eux non plus, ne trahissaient rien. Luke s'imaginait que, dans la panique de la scène du parking, quelque chose lui avait échappé. De près, il s'attendait à ce que les yeux de la jeune fille soient… eh bien, différents. Révulsés et tout blancs, quelque chose comme ça. Mais il n'en était rien. Les yeux de Jodi étaient limpides, du même brun profond que ceux de Luke. Seule leur fixité (quand elle parlait, ses pupilles restaient immobiles au lieu d'aller et venir) signalait quelque chose d'inhabituel.

Mme Webb fut la première à réagir à l'arrivée de sa fille. Elle s'avança, prête à l'aider, mais Jodi s'empressa d'intervenir : « Il y a de la place à côté de toi, Papa ? » Puis elle se dirigea d'un pas ferme vers le canapé. Aucun tâtonnement, aucune hésitation.

La colère de M. Webb semblait avoir fondu comme neige au soleil. Il déplaça sa jambe plâtrée et prit en souriant la main de sa fille pour la faire asseoir.

Jodi le remercia, mais avec froideur. Puis elle demanda sèchement : « Eh bien, quel est le problème ? »

M. Webb soupira. « Jodi. Nous – ta mère et moi… Eh bien, nous avons discuté et… Écoute, nous pensons que ça ne peut pas marcher…

– Nous pensons que ce n'est pas... » Mme Webb jeta un coup d'œil à Luke, cherchant le mot juste. « Pas très sûr. » Elle se tourna vers Viv. « Je suis désolée, Monsieur Defoe, mais... que savons-nous de ce garçon ?

– Mis à part le fait que c'est un voleur », ajouta durement M. Webb.

Ce fut Jodi qui répondit. « Nous savons que c'est un bon coureur, Papa. Tu l'as dit toi-même. Tu as dit que tu avais de la peine à le suivre. »

Luke faillit éclater de rire. Un bon coureur ? Qu'est-ce que ça venait faire là ?

« Oui, mais...

– Papa, on a déjà discuté de tout ça. Vous étiez d'accord, maman et toi. Je sais que vous trouvez ça risqué. Je sais que vous pensez que Luke va me laisser tomber. Et vous avez peut-être raison. Mais il m'a évité de me faire écraser, et je pense que ça prouve quelque chose. Que ça prouve qu'on peut lui faire confiance. » En prononçant cette petite tirade, Jodi s'était tournée vers Luke. Celui-ci en eut froid dans le dos. Il n'avait pas dit un traître mot depuis qu'elle était dans la pièce, et elle se débrouillait pour deviner où il était assis. OK, ça ne devait pas être très difficile, étant donné le nombre de sièges disponibles, mais ça faisait quand même froid dans le dos.

Jodi s'adressait à lui maintenant : « Est-ce que j'ai raison, Luke ? Est-ce que je peux te faire confiance ? »

Lui faire confiance ? Jamais on ne lui avait posé de question aussi difficile. Jamais personne ne lui avait demandé ça.

Mais cette fille était spéciale, il le sentait. Elle restait calme quand son père bouillait de rage, confiante quand sa mère mourait d'anxiété, et amicale alors que – autant regarder les choses en face – elle n'avait aucune raison de l'être.

« Eh bien ? Je peux te faire confiance ou non ? »

Elle ne le laisserait pas esquiver la question. Luke se vit hocher la tête avec hésitation, puis se rendit compte qu'elle ne pouvait pas le voir. « Ouais, marmonna-t-il. Ouais, tu peux. »

Mais lui faire confiance pour *quoi* ?

M. et Mme Webb échangèrent un nouveau coup d'œil, puis haussèrent les épaules, comme deux personnes qui s'avouent vaincues.

« Monsieur Defoe… commença M. Webb.

– Appelez-moi Viv, je vous en prie. Tout le monde m'appelle comme ça.

– Viv… Je suis désolé pour… pour ce que j'ai dit tout à l'heure. Jodi a raison. Nous étions d'accord. »

Mme Webb poussa un soupir et renchérit : « C'est vrai. Pour elle, nous devons au moins essayer. »

Retour à M. Webb, comme dans un match de tennis. « Eh bien, pouvons-nous reprendre la discussion ? »

Lentement, Viv ôta le capuchon de son stylo et rouvrit son carnet sur ses genoux. Quand enfin il parla, ce fut pour s'adresser à Luke :

« Qu'est-ce que tu en penses, Luke ? Est-ce que tu veux poursuivre l'entretien ? Voir si on arrive à se mettre d'accord sur un plan d'action ? »

Ce que Luke en pensait ? Eh bien, il en pensait que ça ne sentait pas bon. Qu'un plan qui l'obligeait à rester à proximité de cet enragé de Webb ne pouvait qu'être totalement merdique. Mais avait-il le choix ? Un séjour de quatre mois à Markham lui paraissait pire encore. Et puis, ne venait-il pas de dire à Jodi qu'elle pouvait lui faire confiance ?

« Si tu veux, répondit-il en haussant les épaules. De toute manière, je ne sais toujours pas ce que je suis censé faire.

– Différentes choses, répondit Jodi, souriante. Mais essentiellement ce que tu sais déjà faire : courir.

– Courir ? » répéta Luke.

Viv fronça les sourcils et se tourna vers Monsieur Webb pour obtenir une explication. « Votre lettre parlait d'un travail auprès des déficients visuels… »

Jodi répondit à la place de son père. « Vous ne comprenez toujours pas, hein ? » Elle riait à présent, comme quelqu'un qui s'apprête à livrer la chute d'une bonne blague. « Ces baskets que tu as essayé de voler, Luke. C'étaient les miennes. »

6

« Les tiennes ? » Luke n'en croyait pas ses oreilles.

« Oui, les miennes, répondit Jodi, sérieuse à présent. Les aveugles aussi ont le droit de s'amuser, tu sais. »

Luke voulut faire machine arrière. « Ce n'est pas ce que…

– Ouais, ouais, je sais. Ce n'est pas ce que tu voulais dire. Écouter la même musique et, à la rigueur, suivre les mêmes programmes télé que tout le monde, d'accord. Mais le sport – oh, non. Trop risqué. »

À l'autre bout de la pièce, Luke vit Mme Webb se raidir. Il en conclut que les mots de Jodi n'étaient pas destinés qu'à lui.

« Quels sports tu fais, alors ? » demanda-t-il.

Surmontant son aversion pour Luke, M. Webb répondit avec une fierté non dissimulée : « Tu as le choix. Jodi a tout essayé. Des B1 comme elle, on n'en fait pas.

– B1 ? dit Viv en fronçant les sourcils.

– Système de classification des handicaps, expliqua M. Webb. On l'utilise en compétition pour s'assurer que personne n'est injustement avantagé. Chez les déficients visuels, il y a trois catégories : les sportifs des catégories B2 et B3 sont malvoyants…

– Et les B1 sont aveugles, compléta Jodi d'une voix neutre. On n'y voit strictement que dalle.

– Je suis désolé, dit Viv.

– Il n'y a pas de raison, répliqua Jodi. Ça ne m'a pas empêchée d'essayer le tir à l'arc, le cricket, le foot, le judo, le goalball, la natation, le bowling… » Elle avait retrouvé le sourire. « Qu'est-ce que tu en dis, Luke ? Ça t'étonne ?

– Ouais. Je ne savais pas qu'ils… que vous pouviez…

– Qu'on pouvait faire ce genre de choses sans y voir clair ? Et pourquoi pas ? Pourquoi je ne pourrais pas faire de tir à l'arc ? Tout ce dont j'ai besoin, c'est que quelqu'un me dise où est la cible – et s'écarte ensuite ! Je tire une flèche, la personne m'indique sa position par rapport au centre, et je rectifie le tir suivant. »

Luke eut une inspiration subite : « Tu veux dire que… que tu vois la cible dans ta tête ? » Comme il voyait l'intérieur des serrures qu'il crochetait ?

« Tout juste ! fit Jodi en riant. C'est exactement comme ça que ça marche. Il y a des choses qui sont plus dures que d'autres. Essaie un peu de jouer aux cartes les yeux fermés ! »

Luke se souvint de la réussite qu'il avait vue étalée sur la table. C'était donc Jodi qui jouait ? Mais comment ?

« Je te montrerai ça un de ces jours », dit-elle, comme si elle lisait dans ses pensées. Puis elle se remit à rire. « Encore mieux : tu pourrais être mon partenaire de jeu à une rave AAA. Tu regarderais en douce ce que les autres ont en main. On gagnerait à chaque coup !

– Une rave AAA ? répéta Viv.

– C'est une fête qu'organise régulièrement la section locale de l'Association d'aide aux aveugles, expliqua Mme Webb. Nous louons une ou deux salles de réception au centre de loisirs. C'est une des choses pour lesquelles Jodi... pour lesquelles nous pensions que Luke pourrait nous aider.

– Pas exactement une rave, alors, dit Viv en souriant.

– Détrompez-vous ! s'écria Jodi. On en organise une bientôt – on aura la salle de sport en plus. Jeux dans l'après-midi et disco le soir. J'espère que tu bouges bien, Luke ?

– Je ne danse pas, répondit sèchement Luke.

– Et *qu'est-ce* que tu fais, alors ? » demanda M. Webb. Il aurait aussi bien pu ajouter : à part forcer les portières des bagnoles.

Luke haussa les épaules. « Pas grand-chose. Je me balade dans la cité. Je regarde la télé. » Il avait conscience que ces activités devaient sembler pitoyables face à celles de Jodi.

« Pas de sport ?

– Pas trop. Il y a un panier de basket près de la maison, mais en général il est tout de travers à cause des gamins qui se balancent dessus.

– Tu ne cours pas ? demanda Jodi.

– Non, sauf au lycée, en sport. » Enfin, quand j'y vais, pensa-t-il.

Viv semblait rasséréné par la tournure que prenait la conversation. Il avait griffonné dans son carnet quelques notes que Luke, malgré ses efforts, n'arrivait pas à déchiffrer. Sauf les tout derniers mots, que Viv avait soulignés, et qui étaient assez gros pour être lus à plusieurs mètres : PLAN D'ACTION.

« Pourrions-nous parler plus précisément des tâches que vous comptez proposer à Luke ? Mon rôle, je vous le rappelle, consiste à m'assurer qu'il remplit une mission bénéfique à la fois pour lui, pour vous et pour la communauté. »

Réparation et réhabilitation. Luke croyait entendre un magistrat réciter son laïus. *La réparation consiste à venir en aide aux personnes qui ont subi un dommage par votre faute ; la réhabilitation, à prendre conscience de vos erreurs pour être moins tenté de récidiver.* Des mots, rien que des mots. À en bâiller d'ennui.

« Vous parliez tout à l'heure de l'aide qu'il pourrait vous apporter pendant ces… euh, ces raves AAA, poursuivit Viv en souriant. Ça me paraît une excellente idée. Autre chose ?

– Le club d'athlétisme pour aveugles, déclara platement M. Webb.

Viv prit note. « Parfait. Vous pensiez à quelque chose de précis ? »

Ce fut Jodi qui répondit. « De très précis. J'aimerais que Luke soit mon guide de course au marathon de Londres. »

Dans sa bouche, la phrase semblait si anodine qu'il fallut plusieurs secondes à Luke (ainsi qu'à Viv, dont le stylo s'était immobilisé) pour l'assimiler. Luke se demandait s'il avait bien entendu.

« Le marathon de Londres ?

– Lui-même. Une course qui a lieu tous les

ans, en avril, dans une ville qui s'appelle, euh... Londres. Déjà entendu parler ?

– De quoi – Londres ou le marathon ? répliqua Luke, piqué au vif.

– De la course.

– Bien sûr que j'en ai entendu parler. Je regarde la télé, tu te rappelles ?

– Alors tu as un point d'avance sur moi ! fit Jodi en riant. Mais j'ai écouté les commentaires et tout ce que les gens racontent. Ça a l'air génial de courir là-dedans. La foule, les encouragements... » Son air joyeux fit soudain place à une invincible détermination. « Et il est hors de question que je loupe ça.

– Peut-être que tu ne pourras pas faire autrement, chérie, dit doucement Mme Webb, toujours aussi discrète dans la conversation.

– Non, non et non, Maman ! J'ai passé l'étape de la sélection. J'ai gagné ma place dans l'équipe et je ne laisserai pas tomber les autres. Je veux courir ! »

De l'autre côté du canapé, M. Webb remua pour trouver une position plus confortable. Il grimaça, mais pas seulement à cause de sa jambe : visiblement, entendre parler du marathon réveillait sa bile.

« Bien sûr, il ne s'agit pas du marathon complet, dit-il. Il faut avoir dix-huit ans pour participer. Mais il y a des courses par groupes d'âge pour les plus jeunes. Elles couvrent la dernière partie du parcours, du pont de Southwark à la ligne d'arrivée sur le Mall.

– Ça fait un peu plus de quatre kilomètres », ajouta Jodi.

M. Webb regarda Luke d'un air mauvais. « Tu y arriveras ? »

Luke haussa les épaules. « J'imagine. Jamais essayé.

– Alors tu n'es pas près d'y arriver en vingt minutes, comme Jodi. Et elle y arriverait le jour du marathon si je pouvais courir avec elle ! »

Viv intervint une nouvelle fois pour désamorcer le conflit. « Si je comprends bien, Monsieur Webb, c'est vous qui guidez Jodi d'habitude ?

– Qui la guidais, oui. Depuis le début. J'ai couru avec elle aux épreuves de sélection. Je l'ai aidée à devenir la première aveugle membre d'une équipe d'arrondissement. » Il montra sa jambe d'un geste rageur. « Mais aujourd'hui, je ne vois plus trop à quoi je pourrais lui servir !

– Pardonnez-moi si je suis un peu lent, mais... n'y a-t-il pas d'autres guides de course à qui vous pourriez faire appel ?

– Il y en a, si. Mais le marathon de Londres est un événement. Les guides sont de bons coureurs, par définition. La plupart d'entre eux participent à la course à titre personnel. Et ceux qui restent...

– Ne sont pas assez rapides, acheva Jodi. Mais le fait que Luke ait distancé papa si longtemps me fait penser qu'il peut y arriver.

– En d'autres termes, dit M. Webb en pointant un doigt vers Luke, c'est lui ou rien. »

Luke sentit Viv se raidir à ses côtés. L'agent de probation n'approuvait certainement pas ce qu'il avait fait, mais Luke savait que son rôle consistait aussi à le protéger. En l'occurrence, ce fut Jodi qui sauva la situation :

« Papa veut dire que, si je n'ai pas de guide, je devrai renoncer à courir. N'est-ce pas, Papa ? »

M. Webb eut un petit hochement de tête. « Et à tout le reste. Le marathon de Londres n'est pas n'importe quelle course : il attire beaucoup d'argent. Les sponsors se sont déjà engagés à verser plus de mille livres. Cet argent doit servir à aider l'AAA. Si Jodi ne court pas, on peut toujours faire une croix dessus. » Il ne résista pas au plaisir d'apostropher Luke au passage : « Et *tout ça* à cause de ton petit numéro ! »

Une jambe cassée. Une bagnole cramée. Mille livres de sponsoring envolées. Le rêve de Jodi brisé. Et tout ça parce qu'il avait voulu piquer une paire de baskets ?

Pour la première fois de sa vie, Luke sentit le remords l'assaillir. Du coup, quand Viv lui demanda ce qu'il pensait de la proposition, il s'empressa de donner son accord. Enfin, il y avait aussi une autre raison – la certitude qu'il lui faudrait courir encore plus vite pour échapper aux fous furieux de Markham.

« OK, dit-il. C'est quand, ce marathon de Londres ?

– Dans un peu moins de deux mois, répondit aussitôt Jodi, comme si elle visualisait parfaitement le calendrier. Dimanche 14 avril. »

Luke réprima une grimace. La date tombait à point nommé. C'était le dernier jour de sa période de probation. Le lendemain, il pouvait se retrouver à Markham.

Il risqua une plaisanterie pour chasser cette pensée : « Dimanche 14 ? Ça devrait aller. Je crois que je n'ai rien de prévu ce jour-là. »

Mauvaise initiative. M. Webb riposta instantanément : « Ce jour-là ? Si tu crois que tu vas te contenter d'arriver tranquillement ce jour-là, tu te fourres le doigt dans l'œil. Le club d'athlétisme de Jodi se réunit tous les mardis soir et tous les samedis matin. Et tu dois être là à chaque entraînement – sans faute ! » Il posa la main sur le bras de sa fille. « Ça ne va pas marcher, chérie. Je crois qu'il n'a pas la moindre idée de ce que ça implique.

– Alors je me chargerai de lui mettre les points sur les i, Papa », fit Jodi avec un sourire mielleux.

Ses yeux étaient peut-être dénués d'expression, mais Luke sentait au ton de sa voix que l'enjeu était plus qu'une simple course.

Jodi se leva. « Et si j'emmenais Luke dans le jardin ? On verra bien si j'arrive à le suivre sans me casser la jambe. » Elle pouffa. « Pardon, Papa ! C'était juste une blague ! »

Viv se retint de sourire. « Bonne idée. Comme ça, je pourrai discuter de certains détails avec tes parents. Les lieux, les horaires, où et quand Luke doit te retrouver… »

Luke se leva à son tour. Il n'eut pas à aider Jodi, qui se dirigeait sans hésiter vers la porte de derrière. Avant de l'atteindre, elle tendit juste les bras vers l'avant pour éviter de heurter la vitre. Puis elle ouvrit la porte et attendit que Luke sorte pour la refermer derrière eux. Alors seulement, elle le prit par le coude.

« Pardon pour ma main, dit-elle. Et pardon pour mes parents. Ils sont saoulants, je sais. Pleins de bonnes intentions, mais ça ne suffit pas toujours. Si ça peut te consoler, ils me saoulent aussi. »

Sans laisser le temps à Luke de lui poser des questions, elle le poussa doucement par le coude.

« Bon, je t'explique comment ça marche. Tu dois toujours avoir une légère avance sur moi. Comme ça, si tu oublies de me dire ce qu'il y a devant – une bête féroce, une peau de banane… – ça ne fera pas de dégâts.

– Pourquoi ?

– Parce que je me tiens à toi, andouille. Quand tu contourneras la peau de banane, je te suivrai.

– Et la bête féroce ?

– Je te suivrai encore plus vite ! » De sa main libre, elle lui donna un petit coup sur le bras. « Allez, avance. »

C'était vraiment bizarre de sentir quelqu'un accroché à votre bras et de savoir que ce quelqu'un dépendait de vous. Plus, qu'il dépendait de vous pour sa *sécurité*. Lentement, avec précaution, Luke fit quelques pas en avant. Il fut récompensé par un aboiement :

« Merde alors, on dirait un escargot ! Un peu plus vite, OK ?

– Et si tu n'arrives pas à suivre ?

– Je te dirai de ralentir. Ne sois pas nerveux, c'est tout. C'est la seule chose qui pourrait m'inquiéter. »

Un petit sentier bétonné, long de dix mètres au plus, s'étendait de la porte de derrière jusqu'à une haute palissade en bois. Luke le parcourut en s'efforçant de conserver une allure régulière.

« C'est mieux, dit Jodi en arrivant au bout. Et maintenant, demi-tour. »

Le sentier était étroit et Luke pivota sur ses talons pour ne pas le quitter. Il s'aperçut alors que Jodi avait lâché son coude et lui faisait face en secouant la tête. Elle souriait.

« Tu veux quoi, que ce soit *moi* qui te guide ? » Elle tendit les deux bras vers lui et le força à se retourner vers la palissade, puis reprit son coude. « Essaie encore une fois. Imagine que tu es une voiture et que je suis ta remorque. Si tu fais demi-tour trop vite, on se cognera l'un à l'autre ! Vas-y tranquillement pour que je puisse te suivre. »

Luke fit une nouvelle tentative, cette fois en décrivant un petit demi-cercle. La manœuvre fonctionna à merveille. Jodi resta à ses côtés et ils commencèrent à redescendre le sentier. Ils avaient fait la moitié du chemin quand elle lui dit de s'arrêter.

« Comment vont mes primevères ? demanda-t-elle. Est-ce qu'elles sont déjà fanées ? »

Luke baissa les yeux vers l'étroite plate-bande qui longeait le sentier. Elle était parsemée de plantes impossibles à identifier : de jeunes pousses sortant juste de terre, des buissons qui n'avaient encore produit que quelques bourgeons. Seule une petite parcelle portait des fleurs éclatantes, et Jodi s'était arrêtée juste devant.

« Non, fit Luke pensivement. Pas encore. »

Jodi éclata de rire. « Tu te demandes comment je savais où elles étaient, pas vrai ?

– Peut-être.

– De la porte à la palissade, il y a quinze pas. De la palissade au camélia, trois pas. De la palissade au cornouiller, cinq pas. De la palissade aux primevères, sept pas. Il faut se souvenir de tout quand on ne voit pas. »

Luke sentit la colère l'envahir. Cette fille le manipulait. Jouait avec lui. Cherchait à se faire plaindre. « Alors pourquoi tu as besoin de moi ? » demanda-t-il sèchement.

Il se rendit compte aussitôt de l'absurdité de sa question. Se repérer dans un petit jardin était une chose, trouver son chemin à l'extérieur en était évidemment une autre. Sans parler de courir dans une foule grouillante en plein centre de Londres. Mais il ne s'attendait pas à la réponse de Jodi.

« C'est très simple. Tu m'as déjà sauvée une fois. J'aimerais que tu me sauves une deuxième fois.

– Te sauver ? Mais de quoi ?

– Pas de *quoi*. De *qui*. De mes parents. »

Luke jeta un coup d'œil vers la maison. Par la fenêtre, il apercevait M. et Mme Webb qui discutaient avec Viv de leur étrange arrangement, le premier d'un air amer, la seconde d'un air anxieux mais résigné. Il repensa aux réparties mordantes de Jodi, à ces remarques qu'il sentait destinées à quelqu'un d'autre que lui. Dans quoi était-il donc allé se fourrer ?

« Comprends-moi bien, reprit doucement Jodi. Ça ne doit pas être facile pour eux. Mais ils m'étouffent. Ils ont peur de m'envoyer dans une école normale et je refuse d'être parquée dans une école spéciale. Donc je ne vais pas à l'école du tout… »

On est deux, pensa Luke.

« Maman me donne des cours à la maison. Ce serait encore supportable si elle ne cherchait pas à faire presque tout le reste pour moi. » Jodi soupira. « C'est pour ça que je me suis mise au sport. Pour sortir de cette maison. Mais c'est devenu un cauchemar aussi. Papa rêve de faire de moi ce qu'il n'a jamais réussi à devenir : une star de la course à pied. »

Et tu crois que tu as des problèmes, Jodi ! faillit s'exclamer Luke. Ma mère n'a ni le temps ni l'énergie de faire quoi que ce soit pour moi. Quant à mon père… Au moins, tu vois le tien quand tu veux. Puis il regarda les yeux fixes de Jodi, ces yeux qui ne cillaient jamais, et fut brutalement ramené à la réalité. Un instant, il l'avait considérée comme une fille normale. Mais elle ne l'était pas – elle était tout sauf normale.

« Je croyais que c'était ce que tu voulais aussi dit-il, c'est pour ça que tu participes à ce marathon, non ? »

Jodi reprit son coude et le serra frénétiquement. « Non, ce n'est pas pour ça ! C'est pour me sentir aussi normale que possible. Pour faire quelque chose que tout le monde considère comme une évidence : courir. Tu piges ? Quand on est aveugle, il y a des choses qu'on ne peut pas faire. Ça fait longtemps que je l'ai admis. Mais jamais je ne me priverai des choses que je *peux* faire. C'est pour ça que je cours, Luke : parce que je peux le faire ! Et tout ce que je te demande, c'est de m'aider. »

Elle lâcha le coude de Luke et ajouta en se tournant vers lui : « Comme je t'ai aidé.

– En imaginant ce plan pour m'éviter d'aller en taule ?

– Pas seulement.

– Qu'est-ce que tu veux dire ?

– Les types qui ont volé notre voiture. Quand tu m'as poussée, il y en a un qui s'est mis à rire, tu te souviens ? Et l'autre qui a crié quelque chose. Quelque chose que je n'ai pas répété à la police. »

À plus, Lukey !

« Tu savais qui c'était, hein ? »

Luke se raidit. « Je… Non ! Ils connaissaient mon nom, ne me demande pas comment, mais je ne les avais jamais vus. »

Son mensonge dut paraître convaincant, car Jodi répliqua : « Ah bon ? Alors, je les identifierais sans doute plus facilement que toi.

– Hein ?

– Quand on ne voit pas, on est obligé de faire travailler ses oreilles. Si j'entendais encore une fois leurs voix, Luke… je les reconnaîtrais. »

7

Luke attrapa son blouson. Sa mère leva des yeux rougis par la fatigue de sa planche à repasser. « Où tu vas ?

– Dehors.

– Je m'en doute. Je t'ai demandé où.

– Dehors, c'est tout, rétorqua Luke. Je verrai bien quand j'y serai. À la pelouse, peut-être, voir qui est là. »

Mme Reid soupira à la manière d'une femme qui n'a plus l'énergie de se battre. Elle avait essayé quand Luke était plus jeune, vraiment essayé. Mais aujourd'hui, elle était usée par le quotidien, fatiguée de rester coincée en haut d'une tour avec trois enfants à élever seule, pas assez d'argent pour le faire et encore moins d'espoir.

« Tu ne m'as pas dit comment ça s'était passé avec ces gens. Comment ils s'appellent déjà ? Webb ? »

Luke ramassa ses chaussures sans la regarder. « Tu aurais pu venir avec moi. Tu aurais même pu venir au tribunal avec moi.

– Non, je ne pouvais pas.

– Si, tu pouvais. Je t'ai dit quand c'était, mais tu n'as pas écouté. Tu n'écoutes jamais.

– Et moi je te dis de ne pas chercher les ennuis ! Mais est-ce que tu m'écoutes ? Jamais ! »

Mme Reid éteignit le fer à repasser et le reposa brutalement sur son socle. Sa propre température parut retomber en même temps. Elle mit la robe d'enfant repassée – mais toujours aussi trouée – sur une chaise et dit plus calmement : « Qu'est-ce que tu veux que je fasse, Luke ? Que je laisse Billy et Jade tout seuls ? Je ne peux pas demander sans arrêt à la voisine de les garder, et tu sais bien qu'on n'a pas assez pour une baby-sitter. Ce n'est pas facile pour moi non plus. »

C'était vrai, et Luke le savait. Son frère Billy venait d'avoir trois ans, et sa sœur Jade allait sur ses deux ans. À les entendre hurler, Luke s'étonnait qu'ils aient survécu si longtemps. Régulièrement, l'envie le prenait de les fourrer tous les deux dans le vide-ordures ; quant à passer vingt-quatre heures sur vingt-quatre enfermé avec eux, comme le faisait sa mère, il n'osait même pas imaginer ce que c'était.

Cette pensée le calma à son tour. Il jeta son blouson sur le dossier d'une chaise et s'assit. « Le rendez-vous ne s'est pas trop mal passé, dit-il. Mieux que prévu.

– Vas-y, raconte !

– Eh bien, j'ai découvert que Jodi Webb faisait de la course.

– Hein ? La gamine aveugle ?

– Ouais. Elle fait un tas de trucs.

– Mais… de la course à pied ? » demanda sa mère en secouant la tête. Elle avait les cheveux en pagaille.

Luke sourit. « Et tu ne sais encore rien. Elle veut participer au marathon de Londres, tu y crois ? Ce sera une partie de mon boulot : la gui… »

Il fut interrompu par un hurlement provenant de la cuisine. Sa mère se précipita pour régler le problème, l'abandonnant au milieu de sa phrase.

C'était toujours la même histoire. Ils passaient avant lui – lui, il ne comptait pas. Luke empoigna son blouson, vérifia que sa lame était bien dans la poche, enfila rageusement ses baskets et se dirigea à grands pas vers la porte d'entrée.

« Je croyais qu'on parlait. » Sa mère avait réapparu, une petite fille larmoyante dans les bras et un gamin boudeur à ses côtés.

« Je n'ai plus rien à dire, rétorqua sèchement Luke. À plus tard.

– Tu ne m'as toujours pas dit où tu allais.

– En Australie, aller-retour.

– Luke, ne fais pas de bêtises. S'il te plaît ! » Tout en parlant, Mme Reid luttait pour empêcher ses deux cadets de redémarrer la dispute qu'elle venait d'interrompre.

« Et pourquoi pas ? cria Luke. De toute manière, tu n'en as rien à faire ! »

La journée avait été mauvaise ; ce reproche fut la goutte d'eau qui fit déborder le vase. « Je t'interdis de me parler comme ça ! hurla Mme Reid. Si, j'en ai quelque chose à faire ! Je ne tiens pas à ce que tu finisses comme ton père ! »

Mais la porte avait claqué et son fils ne l'entendait plus.

Luke parcourut la galerie extérieure, s'arrêta et regarda par-dessus la rambarde. C'était le crépuscule. À cette heure-ci, les gamins de la ville étaient cloîtrés chez eux, en train de faire leurs devoirs. Il en allait autrement à East Med : au crépuscule, les jeunes de la cité sortaient, telles des créatures de la nuit.

Luke apercevait leurs silhouettes en contrebas : ils s'accostaient, formaient de petits groupes, se dispersaient à nouveau. Malgré la distance, il arrivait à peu près à les identifier. Il disposait de différents indices : style vestimentaire pour l'un, démarche fanfaronne pour l'autre. Il y avait ceux qui aimaient traîner par bandes de deux ou trois et ceux, comme lui, qui restaient francs-tireurs. Il connaissait les grandes gueules, toujours en train de chercher la bagarre, et ceux qui guettaient en silence les bons coups. Oui, Luke les connaissait tous. Pour lui, ce n'étaient pas des voyous anonymes, mais des personnes bien réelles… et qui lui ressemblaient.

Sinistres, ces jeunes ? Effrayants ? C'était ce que disaient les adultes. Mais les adultes avaient-ils d'autres lieux, d'autres activités à leur proposer ?

Pour Luke et ses congénères, ces attroupements nocturnes n'avaient rien de sinistre ni d'effrayant. C'étaient plutôt des rendez-vous amicaux, les seuls à venir égayer leurs journées. OK, ils charriaient peut-être un peu le traiteur chinois, cassaient une vitre ici ou là, piquaient deux ou trois trucs à des gens assez riches pour les avoir achetés, se baladaient dans leurs bagnoles. Mais c'était juste leur manière à eux de s'amuser.

C'est pour ça que des types comme Lee Young et Mig Russell étaient aussi respectés. Ils faisaient ce qu'ils voulaient quand ils voulaient. Ils s'amusaient plus que tous les autres. C'étaient des leaders incontestés. S'ils vous remarquaient, vous vous sentiez important. S'ils vous avaient dans le collimateur, vous étiez mal barré – mais la faute à qui ? Les règles étaient claires. Il suffisait de les suivre, de ne pas balancer, et vous étiez tranquille. Bienvenue au club. Bienvenue dans la famille.

Mains dans les poches, Luke poussa de l'épaule la porte donnant sur la cage d'escalier. Il fut alors assailli par la sempiternelle odeur de chats – et par une obscurité totale. L'ampoule du palier s'était éteinte, morte, cassée ou volée.

En attendant que ses yeux s'accoutument au noir, Luke longea le mur à tâtons. Au bout d'un moment, la surface granuleuse devint lisse : il avait atteint l'ascenseur. Il y voyait un peu mieux maintenant. Cela ne l'empêcha pas de heurter avec la jambe un objet dur et métallique. Il poussa un juron sonore et se pencha pour palper son tibia. Un caddie. Sans doute Mme Brixton, la voisine du fond : elle avait dû ramener ses provisions du supermarché, monter par l'ascenseur, décharger le caddie puis, en bonne copine, le laisser là pour que quelqu'un l'utilise – ou s'explose le tibia dessus.

Luke le poussa sur le côté et chercha prudemment la première marche du pied. Il commença à descendre lentement, n'accélérant que lorsque la lumière de l'étage inférieur lui parvint. C'est alors seulement qu'une pensée le traversa.

Pour Jodi Webb, ça doit être comme ça tout le temps.

Luke ne s'attarda pas dans la cité. Pour ce qu'il comptait faire, ce n'était pas le bon endroit. Car il y avait à East Med une autre règle qu'on n'ignorait qu'à ses risques et périls : *Ne vole jamais rien aux gens de ton espèce.*

Il avait traversé le Pont et se dirigeait vers le centre-ville quand il vit la voiture de police arriver. Il se pencha en vitesse et fit semblant de renouer son lacet. Mais ils l'avaient repéré. La voiture fit un demi-tour serré et s'arrêta à sa hauteur. Deux agents en sortirent d'un bond : l'un avait une sale gueule d'excité, l'autre (qui conduisait) semblait plutôt dégoûté de la vie.

« Alors on va où comme ça ? demanda l'Excité en lui barrant la route.

– En ville, répondit Luke.

– Un endroit en particulier ?

Luke secoua la tête. « Non. Je me promène.

– Pour quoi faire, Luke ? » Le Dégoûté les avait rejoints. « Une voiture à visiter ? »

Luke eut un choc en l'entendant prononcer son nom. Il n'avait jamais eu affaire à aucun de ces deux flics. « Comment vous connaissez mon nom ? »

L'Excité approcha son visage. À en juger par son haleine, il avait mangé un curry à la cantine avant de commencer sa patrouille. « T'es célèbre, Luke. On sait tous qui t'es. Le grand Luke Reid, celui qui s'amuse à dépouiller les petites aveugles. » Il prit un ton encore plus mauvais pour ajouter : « Celui qui a trop la trouille de Lee Young et Mig Russell pour les donner.

– Je ne les ai pas vus », soupira Luke. Il avait répété la phrase tant de fois que ça lui paraissait facile. « J'ai vu deux hommes de loin. Un point, c'est tout. »

C'était au tour du Dégoûté de parler. « Retourne tes poches, s'il te plaît.

– Hein ? Pourquoi ?

– Pourquoi ? Je vais t'expliquer pourquoi. » Le Dégoûté souriait maintenant, feignant d'être aimable. « Le 4 x 4 de l'autre jour. Personne n'avait touché aux vitres. On n'a retrouvé de verre que sur la route – la chaleur des flammes l'avait fait exploser. Pas la moindre miette à l'intérieur. Et tu sais ce que j'en déduis ? J'en déduis que t'es un voleur un peu plus malin que le voleur moyen. T'as crocheté la serrure, et c'est pas avec tes doigts de pied que tu l'as crochetée.

– Donc, fais voir tes poches », aboya l'Excité.

Luke hésita. S'ils trouvaient sa lame, il était dans le pétrin. Lentement, il fourragea dans les poches de son jean et de son blouson. Il en sortit quelques pièces, espérant qu'ils s'en contenteraient. Ce ne fut pas le cas.

L'Excité lança un coup d'œil à son chef. Celui-ci hocha la tête, mais avec un regard qui disait : « Vas-y mollo. »

Luke leva les bras tandis que l'Excité palpait ses flancs en quête d'un objet dissimulé dans ses poches ou sous sa chemise. Il passa ensuite aux jambes, intérieur et extérieur, comme si Luke pouvait avoir un pied-de-biche caché dans les coutures de son jean.

« Rien », dit-il enfin, l'air désappointé.

Sans rien ajouter, le Dégoûté renifla, fit le tour de la voiture et se rassit derrière le volant. L'Excité s'affala sur le siège du passager et, à travers la vitre ouverte, lança à Luke un dernier avertissement :

« Décide-toi à parler et ça te simplifiera drôlement la vie, Luke. Jusque-là, on t'a à l'œil. En permanence. N'oublie pas ça. »

Luke regarda la voiture s'éloigner. Quand elle eut disparu, il fit demi-tour et retraversa le Pont pour se réfugier dans la grisaille rassurante d'East Med, où les voitures de police ne se risquaient que si on les y invitait – et encore, pas toujours.

Il marchait sans se presser. La lame de scie sauteuse glissée sous sa chaussette commençait à le gêner, mais il préférait ne pas la sortir pour le cas où on le surveillait vraiment. On ne peut pas faire confiance aux flics, disait toujours son père.

8

Luke grimpa dans le vieux tacot de Viv Defoe et claqua violemment la portière.

« Un problème ? demanda calmement son agent de probation.

– T'étais pas obligé de passer me prendre. C'est pas si loin, le Broke. J'aurais pu y aller seul.

– Je sais.

– Alors pourquoi tu es venu ? Tout le monde te connaît à East Med. Tout le monde va savoir que j'ai rempilé.

– Tu veux dire que les gens ne le savent pas encore ? Je croyais que les bruits couraient vite par ici. » Viv jeta un coup d'œil à Luke. « Ne me dis pas que *personne* n'est venu t'en parler ? »

Luke ne répondit pas. Il savait où Viv voulait en venir, ou plutôt *à qui* il voulait en venir. À Lee Young et Mig Russell – et à la petite visite qu'ils avaient dû lui rendre. Il fit machine arrière sans laisser le temps à Viv de pousser son enquête plus loin.

« Je voulais juste dire que ce n'était pas la peine de passer me prendre.

– C'était pour te rendre service, Luke, fit Viv en souriant. Je savais que tu voudrais être à l'heure à ton premier entraînement. En forme ?

– Assez pour ce que j'ai à faire », répliqua Luke.

Il mentait. Oh, bien sûr, il se sentait assez en forme pour courir sur une piste. Le problème n'était pas là. Le problème, c'était qu'il avait la trouille. Viv était un malin, aucun doute là-dessus. Luke aurait certainement « oublié » le rendez-vous si son agent de probation n'était pas venu le chercher.

Jusqu'alors, ses travaux d'intérêt général avaient été de la pure rigolade. Ils étaient un petit groupe, comme une chaîne de forçats dans un film, et ils effaçaient les graffitis ou ramassaient les détritus en charriant tellement le bénévole responsable qu'il les laissait généralement partir plus tôt pour avoir la paix.

Mais, cette fois, les choses étaient différentes. Cette fois, Luke était seul et tout dépendait de lui.

Le complexe sportif de Pembroke n'était pas aussi grandiose que son nom le laissait supposer. Construit une cinquantaine d'années plus tôt, il avait décliné lentement à mesure que les gens cessaient de faire du sport pour se vautrer devant leurs télés et regarder les autres en faire à leur place. À l'époque où il commençait à ressembler à une épave, les gens du coin l'avaient surnommé « le Broke », « le Déglingué ». Ce sobriquet avait perduré, bien qu'on eût récemment débloqué des fonds pour rénover le centre et qu'il eût désormais l'air à peu près respectable.

Viv manœuvra entre les voitures garées sur le parking et s'arrêta devant le bâtiment principal. Près de la porte d'entrée, une enseigne neuve vantait les mérites des courts de squash et de badminton, de la salle de fitness et des salles de réception ouvertes à la location. Luke se souvint au passage que la rave de Jodi avait lieu ici même le week-end suivant.

Mais c'est un autre panneau qui attira son attention. Un vieux panneau décoloré, qui semblait remonter à la construction du Broke, et dont la vue le rendit plus nerveux encore. Dessus, un doigt pointé indiquait la *Piste d'athlétisme*.

La piste n'avait pas bénéficié des récents travaux de rénovation. Luke l'avait pratiquée l'été précédent, le jour où on les avait tous trimballés jusqu'ici pour un événement sportif politiquement correct où personne ne gagnait ni ne perdait. Il était arrivé premier au cent mètres et avait reçu exactement le même certificat merdique que ce lourdaud d'Aaron Wickes, qui s'était traîné derrière les autres jusqu'à la ligne d'arrivée. Super. Peut-être qu'ils feraient la même chose à l'examen de fin d'année, qu'ils lui fileraient le 20 en maths de Wickes juste pour le récompenser d'être venu et d'avoir essayé. Non mais sans blague. Quoi qu'il en soit, Luke savait que le sentier qui passait derrière le bâtiment ne menait pas à un bel ovale couleur grenat, mais à une piste cendrée d'âge préhistorique sur laquelle on avait peint des lignes blanches.

Mais si Luke manquait d'enthousiasme, on ne pouvait pas en dire autant de ceux qui l'entouraient. L'atmosphère était pleine de rires et de cris de bienvenue. Des gens de son âge sortaient des sacs de sport du coffre des voitures, passaient la courroie sur leur épaule et suivaient la direction indiquée par le panneau. La seule chose qui les différenciait d'autres jeunes sportifs, c'était que certains d'entre eux étaient accompagnés d'un guide.

« Donc tu es là », fit une voix derrière Luke. C'était le père de Jodi, péniblement appuyé sur une paire de béquilles. « C'est déjà ça, j'imagine. »

Viv lui fit un petit signe de tête. « Bonsoir, Monsieur Webb. Où est Jodi ? »

M. Webb souleva l'une de ses béquilles et, telle une aile cassée, la pointa vers sa fille, qui s'éloignait en compagnie d'un homme aux cheveux gris. « C'est un autre guide qui nous a déposés. M. Blanchflower. Il ne pourra pas nous amener à chaque fois, cela dit. La semaine prochaine, je serai sans doute obligé de faire les yeux doux à quelqu'un d'autre. »

L'idée de M. Webb faisant les yeux doux à qui que ce soit dépassait l'imagination de Luke. D'autant que le père de Jodi le foudroyait maintenant du regard : « Où est ton équipement ? Tu ne comptes tout de même pas courir dans cette tenue ?

– Ben si, répondit-il en baissant les yeux vers son T-shirt, son jean et ses baskets. Pourquoi pas ? »

Mais Viv se dirigeait déjà vers le coffre de sa voiture. « Luke plaisante, M. Webb. » Il sortit un grand sac et le tendit à Luke en marmonnant : « Short, sweat-shirt, et une vraie paire de chaussures de course. Ça devrait t'aller.

– Merci, Viv, dit Luke, hésitant entre la gratitude et la colère. Merci beaucoup. »

Quand il sortit des vestiaires, Jodi était en train de s'échauffer avec ses camarades. Luke fut surpris par leur nombre. Ils étaient au moins quarante.

Le plus jeune avait environ dix ans et le plus vieux devait être en première – tout un petit monde dont Luke n'avait jamais soupçonné l'existence. Ils étaient assis, jambes écartées, dans l'ovale de pelouse délimité par la piste et, sous la houlette d'un entraîneur, s'étiraient en touchant leurs pieds l'un après l'autre.

Viv était parti vaquer à ses occupations – « Je serai de retour à temps pour te ramener chez toi », avait-il dit – mais M. Webb, lui, n'était que trop visible. Il s'était installé sur un banc à proximité des coureurs, sa jambe étendue devant lui comme un gros rondin blanc. En voyant Luke arriver, il désigna sèchement une place à côté de Jodi. Celle-ci se tourna vers son guide avant même qu'il soit assis.

« Salut, dit-elle. Papa m'a dit que tu étais arrivé. Il pensait que tu ne viendrais pas. Je crois que tu l'as surpris.

– Ah ouais ? fit Luke. En tout cas, ça ne lui a pas arraché un sourire. Donc qu'est-ce qu'on fait, là ?

– Des échauffements, bien sûr. Des étirements, des trucs comme ça.

– Et quand est-ce qu'on commence à courir ?

– Coucou ! Après s'être échauffés. Tu ne t'échauffes jamais avant de courir ?

– Non, fit Luke d'un ton dédaigneux. Figure-toi que je ne suis pas souvent obligé de courir.

– Alors tu ferais bien de commencer à t'échauffer, lui chuchota Jodi en souriant. La prochaine fois, tu arriveras peut-être à t'enfuir. »

Puis elle reprit son train-train. Luke imita ses mouvements, mais sans faire le moindre effort. Il était trop occupé à observer les coureurs et à essayer de distinguer les aveugles des autres. Parfois, c'était évident : une adolescente un peu plus âgée que Jodi portait des lunettes noires ; un garçon de dix ans avait les yeux blancs et révulsés. Mais, la plupart du temps, il ne détectait rien du tout.

Était-ce si étonnant ? Que lui avait dit Jodi l'autre jour ? Qu'elle courait pour être aussi normale que possible. Luke commençait à comprendre : elle voulait qu'on voie *qui* elle était, et non *ce qu*'elle était ; elle voulait être jugée sur ce qu'elle faisait, et non sur ce qu'elle ne pouvait pas faire.

Il examina son nouvel équipement. Viv aurait dû être tailleur. Il avait le coup d'œil. Les vêtements étaient à la bonne taille, et les chaussures si confortables qu'il devait fléchir les orteils pour les sentir à ses pieds. Merci, Viv. Comme ça, il avait vraiment l'air d'un coureur. Bien sûr, certaines personnes devaient se demander *qui* il était, mais, sans sa tenue de sport, il aurait fait tache : on se serait demandé *ce qu'*il était – et pour quelle raison il était là. À cet instant, Luke se prit à espérer que le moins de gens possible découvriraient la vérité. Dans les rues d'East Med, c'était différent. Avoir des ennuis avec la justice vous donnait une respectabilité. Mais ici…

« Eh ! Reid ! »

Une voix froide et dure provenant du banc derrière lui l'arracha à ses réflexions. Les échauffements étaient terminés ; les coureurs et leurs guides se levaient et chacun rejoignait son partenaire. Luke serra les poings, mais ne se retourna pas, forçant M. Webb à crier de nouveau.

« Reid ! Ici ! »

Le père de Jodi fourrageait dans un sac de sport posé près de lui. Lentement, posément, Luke pivota sur lui-même et se dirigea vers le banc. « Je m'appelle Luke », dit-il.

M. Webb fit semblant de ne pas avoir entendu. « Prends ça », bougonna-t-il en lui tendant une petite lanière.

Luke ne la prit pas. Il se contenta de répéter : « Je m'appelle Luke. »

Cette fois, M. Webb réagit. Son visage resta de marbre, mais il se hissa sur ses béquilles et cracha au visage de Luke : « Je connais ton nom, petit voleur. Il est écrit sur toutes les lettres que j'ai reçues du tribunal. Et maintenant, prends ça et retourne voir ma fille. »

Il y avait des boucles aux deux extrémités de la lanière. Quand Luke l'eut rejointe, Jodi passa son poignet droit dans l'une d'entre elles.

« Passe ton poignet gauche de l'autre côté », dit-elle.

Luke obéit. La lanière était juste assez longue pour leur permettre de balancer les bras en même temps. Pas la peine d'être un génie pour comprendre qu'elle devait servir à guider Jodi sur la piste.

« Prête ? demanda Luke.

– Pas encore, dit Jodi. Regarde les autres courir une minute.

– Pour quoi faire ? Repérer ton concurrent numéro un ? »

Il se mordit la lèvre en entendant le rire de Jodi. « Luke, je ne vois strictement rien. C'est toi qui es censé regarder. Observe les autres guides pour voir comment ils font. »

Luke maudit une nouvelle fois sa bêtise et regarda vers la piste. Les aveugles et leurs guides commençaient à courir, certains tranquillement, d'autres à une vitesse surprenante.

Mais, lents ou rapides, les couples se déplaçaient tous sans à-coups, le guide sur la droite et légèrement en avant du coureur. En les observant, Luke fut néanmoins frappé par quelque chose d'inhabituel. Il n'arrivait pas à savoir quoi.

Au bout d'environ deux minutes, Jodi reprit la parole : « Emmène-moi au départ du quinze cents mètres.

– C'est où ?

– Dans la ligne droite opposée. Juste après le premier virage. C'est un bon endroit pour démarrer. »

Elle prit le coude de Luke, comme elle l'avait fait dans son jardin, et le tint délicatement tandis qu'ils traversaient la pelouse pour rejoindre deux autres couples qui s'apprêtaient à partir. Luke croyait sentir le regard incandescent de M. Webb dans son dos.

« Arrête-toi », lui dit Jodi juste avant d'arriver.

Une fois de plus, il se demanda comment elle avait fait pour évaluer leur position. Elle n'avait tout de même pas parcouru ce terrain en comptant ses pas et mémorisé toutes les distances !

Non, bien sûr que non. Mais, tandis qu'il se concentrait sur leur trajectoire, elle avait tendu l'oreille.

« Tu entends ? » demanda-t-elle.

Luke fronça les sourcils. « Quoi ?

– Les guides, bien sûr. »

Les voix. *Voilà* ce qui lui avait paru inhabituel. Les athlètes qu'il avait vus à la télé couraient comme des dératés ; jamais il ne leur serait venu à l'idée de parler. Mais, ici, les guides bavassaient sans arrêt. Un couple passa à toute allure, attaquant la ligne droite après le premier virage. Luke saisit quelques mots au vol.

« Tourne… Redresse maintenant… Tout droit… »

Jodi lui poussa le coude. « Tu entends ça ? Les guides ne font pas que courir. Ils doivent aussi parler tout du long. »

Luke commençait à comprendre que les choses n'allaient pas être aussi faciles qu'il l'avait cru. « Et quand est-ce qu'ils respirent, alors ?

– Sais pas, fit Jodi en riant. Viens, on va essayer. Je suis sûre que mon père est impatient de te voir t'emmêler les pinceaux. »

Luke lança un regard à M. Webb : toujours aussi renfrogné. « C'est clair. Il ne m'aime pas beaucoup, hein ?

– T'aimer ? dit Jodi, sérieuse à présent. Luke, il pense que tu es une raclure. Il te déteste. »

Ils démarrèrent à un rythme que Luke jugeait tranquille. Enfin, plus tranquille que s'il dévalait une ruelle glissante avec M. Webb ahanant derrière lui.

Jodi se mouvait avec aisance dans le couloir intérieur. Luke courait – trottait, plutôt – une demi-foulée devant elle, du côté extérieur, dans le deuxième couloir. La lanière se balançait entre eux.

« Je suis très près du bord ? » demanda Jodi.

Luke jeta un coup d'œil au rebord de béton qui séparait la piste de l'ovale de pelouse. « Assez, oui.

– Dégage un peu vers l'extérieur, alors. Ne me laisse pas trop m'approcher. Sauf si tu tiens à ce que je me foule la cheville et à me porter jusqu'à la ligne d'arrivée.

– Pour me faire étriper par ton père ? Non merci. »

Sans casser le rythme, Luke se déplaça légèrement vers l'extérieur de la piste. La lanière se tendit un instant, puis se remit à flotter quand Jodi suivit le mouvement.

« Ce rebord est à peu près la seule chose à surveiller ici, expliqua-t-elle. Le mini-marathon, ce sera une autre paire de manches.

– Je ne vois pas pourquoi, dit Luke, dubitatif. Les trottoirs sont plus hauts que ça, non ? Plus faciles à répérer.

– Il n'y aura pas que les trottoirs, gros bêta. Il y aura aussi les fissures dans le macadam, les terre-pleins, les branches basses, les tables de rafraîchissements, les membres du service d'ordre…

– OK ! J'ai pigé ! », coupa Luke, sentant que la liste était encore longue.

Il pigeait d'autant mieux qu'ils approchaient maintenant du virage et que les choses ne se présentaient pas si bien que ça…

« Écoute, cria-t-il, incapable de contenir sa panique, on arrive au virage et il y a quelqu'un sur le chemin ! »

Luke avait beau courir lentement, il reçut un méchant coup au poignet quand la lanière se tendit : Jodi venait de stopper net, le forçant à s'arrêter également.

« Qu'est-ce qu'il y a ?

– Luke, fais-moi un plaisir. Ne dis jamais des trucs comme ça.

– Comme quoi ?

– Comme « on arrive à un virage » ou « il y a quelqu'un sur le chemin ». Sauf si tu cherches vraiment à m'affoler. Sinon, je ne veux pas le savoir. »

Luke n'y comprenait rien. Il pensait avoir bien fait. « Qu'est-ce que tu veux savoir, alors ? »

Jodi ne répondit pas directement à la question. « Mets-toi à ma place une minute, dit-elle. Ferme les yeux. Ça y est ?

– Ouais.

– Bon. Et maintenant, devant toi, il y un un piquet planté dans le sol. Si tu rentres dedans, tu vas te le prendre pile là où ça fait mal. Et moi je te dis : 'Luke ! Tu ne peux pas le voir, mais tu fonces droit dans un piquet ! '. Est-ce que ça t'aide ? »

Luke réfléchit une seconde. Non, on ne pouvait pas dire que ça l'aidait. Il avait même les larmes aux yeux rien que d'y penser. « Non, admit-il.

– Pareil pour moi. Je ne veux pas savoir ce qu'il y a sur mon chemin. Tout ce que je veux savoir, c'est ce que je dois faire pour l'éviter. Tourner à gauche, à droite, ralentir – où m'arrêter net, si ça te paraît la meilleure solution.

– Mais je croyais…

– Que je préférais décider seule ? Oublie. Quand on court, c'est toi le responsable. C'est toi qui prends les décisions. Moi, j'obéis. »

Le responsable ? En classe, on ne lui aurait pas confié un taille-crayons… Il n'était vraiment pas sûr d'être à la hauteur.

« Et si je me trompe ?

– Alors on a tout le temps d'en discuter après, dit Jodi d'un ton ferme. Bon. Prêt à repartir ? »

Ils se remirent à courir, toujours à une allure modérée. En abordant le virage, Luke se souvint du guide qu'il avait entendu tout à l'heure.

« Tourne à gauche doucement, dit-il. On arrive dans le virage.

– C'est mieux », dit Jodi.

La piste s'incurvait jusqu'à la ligne droite d'arrivée. Tout en conservant sa légère avance sur Jodi, Luke s'efforça de maintenir entre eux une distance de sécurité.

Ce fut bien plus difficile qu'il ne l'aurait imaginé. À un moment, Jodi se mit à serrer trop fort à gauche. Ce n'est qu'en sentant la lanière se tendre qu'il pensa à lui crier : « C'est trop ! Redresse un peu ! »

Mais alors l'inverse se produisit : au lieu de suivre la courbe du virage, Jodi se mit à dériver vers l'extérieur. La lanière pendouillait entre eux, complètement lâche. Luke dut faire un écart pour éviter qu'ils ne se cognent.

« Plus à gauche ! glapit-il. Pas trop ! Voilà ! »

Ils zigzaguaient comme deux poivrots dans un film, mais ils y étaient presque. Devant eux s'étendait la ligne droite, avec ses bandes blanches filant jusqu'à l'autre bout de la piste. « Redresse ! » cria Luke.

Jodi obéit instantanément. Il l'attira vers l'extérieur pour la forcer à s'éloigner du bord, puis reprit sa position, et ils coururent sans problème jusqu'à la ligne d'arrivée. M. Webb les y attendait, appuyé sur ses béquilles à la manière d'un vautour.

« À cette vitesse, dit-il à sa fille, tu ne gagnerais pas la course du jardin d'enfants. »

Jodi ne se laissa pas démonter. « Trop cool qu'on me donne ma chance au marathon de Londres, alors !

– Tu sais bien ce que je veux dire », grommela M. Webb. Il se tourna vers Luke. « C'est toi qui dois donner le rythme. Si tu vas lentement, elle est obligée d'aller lentement aussi. » Il eut un petit rictus.

« J'imagine que tu es capable de courir plus vite ? Ou bien tu y arrives juste quand quelqu'un te poursuit ?

– Papa ! Tu es injuste. Tu sais bien qu'il faut beaucoup d'entraînement. »

Les yeux de M. Webb ne quittèrent pas ceux de Luke. « Alors il va falloir vous entraîner un peu plus, s'il vous plaît. »

Pour s'entraîner, ils s'entraînèrent. Jodi semblait infatigable. Ils firent quatre tours, puis un cinquième, en augmentant un peu la vitesse à chaque fois. Ensuite, Luke demanda à Jodi si elle voulait arrêter. Était-ce la perspective de retrouver son rabat-joie de père, qui continuait à suivre chacun de ses mouvements depuis son banc, ou juste le plaisir de courir – en tout cas, la jeune fille répondit : « Encore un ! »

Ça ferait six tours. Presque deux kilomètres et demi. Ils avaient couru à une allure ridicule, mais Luke commençait quand même à le sentir. Ses cuisses se raidissaient et il respirait bruyamment.

« Tu te débrouilles bien, lui dit Jodi.

– Merci. »

Luke sourit malgré ses crampes. M. Webb n'en conviendrait certainement pas, mais il sentait qu'il commençait à maîtriser la situation. Il parlait davantage à Jodi – c'était peut-être pour ça qu'il avait de la peine à reprendre son souffle. Et il lui semblait qu'ils cafouillaient moins souvent, même dans les virages.

Jodi se mit gaiement en position de départ. « À vos marques… Prêts… Partez ! »

Cette fois, ils démarrèrent à une allure soutenue. Luke leur fit passer le premier virage : Jodi le prit en douceur, une demi-foulée derrière lui, juste comme il fallait. Ils étaient si bien accordés que Luke sentait que ses consignes (« Gauche… Gauche… ») étaient presque inutiles.

Ligne droite en vue. Légère hésitation à la sortie du virage, corrigée par son ferme commandement : « Redresse ! »

Tout allait bien. Trop bien. Un autre coureur et son guide se trouvaient devant eux ; ils s'en approchaient à toute allure. Plus près… Encore plus près. À moins de les contourner ou de ralentir, ils ne tarderaient pas à leur rentrer dedans.

Luke jeta un coup d'œil à Jodi. Que lui avait-elle dit ? *Quand on court, c'est toi le responsable. C'est toi qui prends les décisions. Moi, j'obéis.* Était-ce possible ? Pouvait-elle lui faire confiance à ce point ?

Ils avaient presque rattrapé les deux coureurs. Encore quelques foulées et ils seraient sur eux…

« À droite ! » cria Luke en s'écartant vivement. Il sentit la lanière se tendre. Jodi l'avait-elle entendu ? Il cria de nouveau, plus fort, de façon presque autoritaire : « À droite, Jodi ! »

La lanière se détendit. Elle avait obéi !

« Encore… Encore… » À présent, ils étaient presque au milieu de la piste, et ils arrivaient à la hauteur des deux autres. « Redresse ! cria Luke. On va dépasser ! »

Comme un seul homme, ils s'élançèrent vers l'avant. Luke, qui n'osait pas penser à ce qui se produisait en lui, se concentra sur ce qu'il voyait du coin de l'œil. Ils étaient maintenant au même niveau que les deux coureurs – le garçon d'une dizaine d'années et M. Blanchflower, le type aux cheveux gris qui avait amené les Webb en voiture. Progressivement, le gamin disparut, et Luke ne distingua plus que la silhouette de son guide. Quelques foulées plus tard, celle-ci disparut à son tour : seuls le bruit des pieds qui martelaient le sol et la respiration haletante de M. Blanchflower rappelaient encore la présence des coureurs.

« Ouais ! s'exclama Luke, euphorique. On les a dépassés ! Rabats, Jodi !

– Tu apprends, dit-elle en revenant en douceur vers l'intérieur de la piste. J'ai cru que j'allais devoir m'arrêter.

– Quoi ? demanda Luke. Tu savais qu'il y avait quelqu'un devant nous ? »

Jodi partit d'un grand rire. « Luke, je suis aveugle, pas sourde ! Même si ç'avait été quelqu'un d'autre, je l'aurais deviné à l'oreille. Mais en plus c'était Tom et son grand-père, M. Blanchflower, et lui, on l'entend souffler depuis l'autre bout de la piste ! »

Ils abordaient le dernier virage.

À nouveau, Luke guida Jodi dans la courbe. Les instructions lui venaient plus naturellement maintenant, et il pouvait davantage se concentrer sur sa course. Pas facile de garder le rythme. Il ne haletait pas aussi fort que M. Blanchflower, mais il commençait vraiment à manquer de souffle. Il serait bien content quand ça s'arrêterait.

Jodi, en revanche, semblait assez en forme pour courir toute la journée. Quand ils sortirent du virage, elle s'écria :

« Tu sais quoi, Luke ? Chaque fois que je prends cette ligne droite, j'imagine que ce sont les derniers mètres du marathon de Londres ! Je suis devant le palais de Buckingham et la reine m'acclame depuis son balcon ! »

Ce fantasme lui insuffla un regain d'énergie. Luke s'en aperçut aussitôt : au lieu de courir une demi-foulée derrière lui, elle était maintenant presque à sa hauteur. Il devait rétablir son avance, il le savait ; malgré sa fatigue, il devait, lui aussi, accélérer. Mais allait-il y arriver ?

Oui ! Il y arrivait ! Mieux : il semblait lui-même retrouver des forces, comme si l'enthousiasme de Jodi était communicatif. Il voyait la ligne d'arrivée leur faire signe de loin.

« Vas-y, alors ! hurla-t-il. Fais comme si c'était ton marathon ! Lâche-toi ! »

Il allongea la foulée. Jodi suivit le mouvement, le visage radieux. Quelques secondes plus tard, ils sprintaient presque, comme s'ils faisaient la course entre eux.

Ce fut ce qui provoqua l'accident. En approchant de la ligne d'arrivée, Luke oublia son rôle de guide. Il était un athlète, un coureur en route vers la victoire. Serrant les dents, il se propulsa encore plus fort vers l'avant, sans s'apercevoir que la lanière qui le reliait à Jodi se tendait.

Ce n'est que lorsqu'elle cria « Ralentis ! » qu'il se ressaisit. Il obéit instantanément. Derrière lui, Jodi luttait pour rester debout, presque soulevée de terre. Un instant, elle parut sur le point de reprendre pied – mais Luke, dans la panique, avait oublié de la tenir éloignée du bord.

Le pied gauche de Jodi accrocha le béton. Si elle avait couru normalement, ç'aurait peut-être été sans gravité. Mais elle trébuchait déjà à moitié, et le heurt acheva de la déséquilibrer. Avec un cri de stupeur, elle s'affala sur la piste. Une seconde plus tard, Luke tomba à son tour, entraîné par la lanière, et s'écorcha méchamment le coude.

Ignorant la douleur, il se mit aussitôt à genoux. À son grand soulagement, Jodi ne semblait pas blessée. Elle avait déjà dégagé son poignet de la boucle et se relevait d'un bond ; seules les traces grises sur sa jambe indiquaient qu'elle venait de faire une chute.

« Jodi ! Jodi ! » M. Webb venait vers eux, sautillant et vociférant tout à la fois. Le temps que Luke se relève, il les avait rejoints. « Ça va ?

– Aucun problème, Papa », s'empressa de dire Jodi. Elle fléchit la cheville gauche pour le lui prouver. « C'était ma faute. Je me suis emballée. »

Mais on ne la faisait pas si facilement à M. Webb. « Foutaises ! cracha-t-il en se tournant vers Luke. J'ai tout vu. C'était ta faute, Reid. »

Luke serra les poings de toutes ses forces. Il mourait d'envie de coller un pain à ce type. La seule chose qui le retenait, c'était la main de Jodi qui, à l'insu de M. Webb, touchait la sienne, légère comme une plume, et qui semblait lui dire : « Ne fais pas ça. C'est ce qu'il attend. Il essaie de te casser. »

Luke se contint donc et répondit en soulignant chaque mot : « Je m'appelle Luke. »

Vu la réaction, il aurait aussi bien pu dire qu'il s'appelait Rumpelstiltskin. M. Webb continua à tempêter : « Ta faute, répéta-t-il en posant un doigt sur la poitrine de Luke pour faire bonne mesure. Je m'y attendais. Et tu sais pourquoi, Reid ? Parce que je savais que ta nature reprendrait le dessus. »

Il désigna rageusement la ligne droite que Luke et Jodi venaient de parcourir. « Un guide doit penser à son coureur et à lui seul. Mais ce n'est pas ce que tu as fait. Ce n'est pas pour Jodi que tu courais il y a une minute. C'est pour toi. Tu m'entends ? Pour toi ! »

Il toisait Luke, le défiant de détourner les yeux. « Et c'est ce que tu fais toujours au bout du compte, pas vrai, Reid ? Tu penses à ta pomme. »

Jusque-là, Luke avait tenu bon, refusant de se laisser démonter. Cette fois, c'en fut trop : sans dire un mot, il se dégagea de la lanière qui pendait à son poignet et la mit dans la main de Jodi. Puis il fit volte-face, plantant là le père et la fille.

Il attendait devant le bâtiment quand Viv arrêta sa voiture près de lui. « Comment ça s'est passé ?

– Pas trop mal. »

Il n'ouvrit plus la bouche de tout le trajet du retour. Il n'avait aucune envie d'entrer dans les détails. De dire pourquoi il s'était défilé. D'admettre que ce n'était pas seulement parce que le père de Jodi l'avait foutu en rogne.

Ou, pour le dire plus clairement : il n'avait aucune envie de reconnaître qu'il savait que M. Webb avait raison.

9

Jodi s'installa devant son ordinateur et effleura les petits points en relief situés au bas des touches « F » et « J ». Avec l'index gauche sur le F et l'index droit sur le J, ses mains seraient automatiquement bien placées pour trouver les autres touches. Tranquillement, avec assurance, elle se mit à écrire :

J'ai de la chance de vivre au XXIe siècle. Je peux utiliser l'ordinateur pour écrire ce devoir. Je peux même me relire sans voir ce que j'ai écrit ! En bas de mon clavier, il y a un outil prévu juste pour ça. C'est une invention récente, bien sûr, puisqu'il s'agit d'équipement informatique. Mais l'idée de départ, c'est un homme né il y a presque deux siècles qui l'a eue. Un homme réellement admirable…

C'était le sujet du devoir d'anglais que sa mère lui avait donné : un essai biographique sur « L'homme ou la femme que vous admirez le plus ». Jodi aurait aimé écrire sur une femme, mais la personne qu'elle admirait le plus était un homme et elle n'y pouvait pas grand-chose.

Louis Braille naquit en 1809. Il vivait dans un village proche de Paris. Son père était artisan et fabriquait toutes sortes d'objets en cuir. Un jour, quand il avait trois ans, Louis découvrit l'un des outils de son père. C'était une alène, une pointe acérée utilisée pour percer le cuir. Ce jour-là, Louis eut un accident et se blessa à l'œil avec la pointe. La blessure s'infecta. Bientôt, l'infection s'étendit au deuxième œil et le petit garçon devint totalement aveugle.

Louis refusa de se laisser abattre par son infirmité. Il obtint une place dans une école spéciale de Paris, l'Institution royale des jeunes aveugles. Il croyait y apprendre des choses utiles, mais non ! À l'époque, on n'attendait pas grand-chose des enfants aveugles. On leur apprenait juste à maîtriser des techniques très simples. On expliqua ainsi à Louis que, s'il ne voulait pas finir mendiant, il devait apprendre à fabriquer des chaises en rotin ou des pantoufles. Louis donna tort à ses professeurs. Il commença par devenir un musicien accompli.

Peut-être que Braille aurait aimé vivre au XXIe siècle, songea Jodi. Il aurait pu faire partie d'un groupe de rock ! Elle aurait pu l'écouter à plein volume !

Elle continua à taper son texte. Les mots lui venaient facilement. Elle décrivit les livres de la bibliothèque de l'Institution, qui étaient énormes et difficiles à manier, avec de grands caractères en relief destinés à être lus avec le bout des doigts. Louis était convaincu qu'on pouvait inventer un meilleur moyen. Son intuition s'était confirmée le jour où il avait découvert un code militaire utilisant des points et des traits en relief pour transmettre des messages pendant la nuit. Ce système était beaucoup trop compliqué pour un usage quotidien, mais Louis Braille l'avait retravaillé jusqu'à mettre au point son propre code...

Le code de Louis Braille était basé sur une petite grille de six points. À chaque lettre correspondait une combinaison de points différente, ce qui rendait les mots faciles à lire. De plus, ce code permettait aux aveugles d'apprendre à écrire. Tout ce dont ils avaient besoin, c'était un petit stylet pour graver les points (en faisant attention à ne pas se blesser avec !).

Plus de cent cinquante ans après, le système Braille (qui doit son nom à Louis) reste la méthode la plus utilisée par les aveugles pour lire et écrire. On trouve de tout en braille, depuis les calendriers jusqu'aux cartes à jouer. En tapant ce devoir, je vérifie chaque ligne avec l'outil dont j'ai parlé tout à l'heure, celui qui se trouve en bas de mon clavier. C'est ce qu'on appelle un lecteur braille. Il convertit les lettres que je viens de taper en alphabet braille. Et ce système ne fonctionne pas seulement pour les anglophones. Il est utilisé dans presque toutes les langues, de l'albanais au zoulou.

C'est pour cette raison que j'ai choisi Louis Braille. Il a révolutionné la vie des aveugles.

Jodi se redressa avec un soupir de soulagement. Terminé. Et maintenant, musique ! Elle venait de plonger sur son lit pour attraper la télécommande de sa stéréo lorsqu'on frappa à la porte.

« Jodi ?

– Si tu veux savoir où en est ce devoir, Maman, je viens juste de le terminer. »

Elle entendit la porte se refermer et la chaise grincer doucement : sa mère s'était assise devant l'ordinateur. Puis plus rien, jusqu'au moment où Mme Webb eut achevé la lecture du devoir.

« Très bien ! dit-elle alors. Le passage sur le stylet braille me plaît beaucoup. Je ne l'avais jamais envisagé comme une arme dangereuse !

– Vraiment ?

– Enfin, peut-être une ou deux fois. » Mme Webb hésita avant de changer de sujet. « À propos d'accidents, comment va ta jambe ?

– Parfaitement bien. C'est ce que j'ai dit à papa juste après être tombée.

– Pas de bleus.

– Pas à ma connaissance. »

Le ton était si pince-sans-rire que Mme Webb mit un moment à saisir l'ironie de la réplique. Mais quand elle reprit la parole, elle avait un petit sourire dans la voix. « Il paraît que Luke s'est bien débrouillé – enfin, jusqu'à la dernière minute.

– C'est Papa qui t'a dit ça ? »

Jodi perçut le léger embarras de sa mère. « N… Non. C'est M. Blanchflower. Il a appelé pour dire qu'il pouvait tous nous conduire à la fête A.A.A. de dimanche. Et il a raconté que quand vous les aviez dépassés, Tom et lui, vous aviez l'air de gens qui courent ensemble depuis des années.

– Ouah ! Et qu'est-ce qu'a dit Papa ?

– Pas grand chose », répondit Mme Webb. C'était la vérité. Son mari n'avait pas eu à prononcer le moindre mot : l'expression de son visage parlait d'elle-même.

*

« Ôte tes pieds de là, Luke ! » aboya M. Harmer.

Luke – qui se balançait sur sa chaise, pieds posés sur le bureau – ouvrit brusquement les yeux. Il regarda son professeur principal et jugea qu'il n'était pas encore à bout.

« J'suis bien comme ça.

– ÔTE tes pieds de là ! »

Erreur de jugement. Sur le cou de Harmer, la veine témoin commençait déjà à gonfler. Il était d'humeur déterminée, aujourd'hui. Luke obéit donc, tout en s'assurant que sa chaise retombait le plus bruyamment possible.

« Merci », fit M. Harmer.

Il ouvrit un dossier et commença à faire l'appel. Luke bâilla, croisa les bras sur son bureau et s'en servit comme d'un oreiller. Il poussa un grognement quand son nom fut appelé et ne bougea plus jusqu'à la fin du cours. En général, Harmer ne lui en demandait pas davantage.

À la récréation, il longea sans but la clôture qui entourait l'établissement.Une balle de tennis perdue roula jusqu'à lui. Il posa le pied dessus. Un frimeur de cinquième arriva pour la récupérer et s'arrêta en le voyant.

« Salut. C'est toi Luke Reid, non ?

– Et ?

– Je t'ai vu entrer dans la bagnole de Viv Defoe l'autre jour. T'as repris du service, c'est ça ?

– Peut-être. »

Le gamin fit la moue. « T'avais pas dû faire grand-chose, alors. Tout le monde sait que la dernière peine de Lee Young, c'était Markham.

– Ouais, c'est ce qu'il m'a dit », répliqua Luke.

Bien sûr, il enjolivait la réalité. Mais il y avait quelque chose dans la voix du gamin quand il parlait de Lee Young. Du respect. De l'admiration. Luke avait envie de ça pour changer. Il ne fut pas déçu.

« Tu le connais ? Lee Young ? »

Il hocha la tête. « Ouais. Et Mig Russell.

– Cool ! »

Luke ramassa la balle et la lança au gamin. Celui-ci courut rejoindre ses copains en le regardant par-dessus son épaule.

Du respect. De l'admiration. C'était agréable.

10

La « rave » de Jodi aurait bien fait rigoler certaines connaissances de Luke. Pas de lumières stroboscopiques, pas de techno – et beaucoup trop d'adultes.

Il y avait des adultes pour accueillir les nouveaux arrivants, des adultes entrechoquant des verres et des assiettes, des adultes sortant des jeux de cartes et de société, des adultes trimballant des cartons. Ce n'est qu'en remarquant un chien d'aveugle sous une table que Luke comprit que ces adultes n'étaient pas tous de bonnes âmes compatissantes. Beaucoup étaient dans le même cas que Jodi. Une fois de plus, ce qu'elle lui avait dit résonna dans sa tête. C'*est pour me sentir aussi normale que possible*.

« Reid. Puisque tu es là, autant que tu serves à quelque chose. Va donner un coup de main à M. Blanchflower. »

M. Webb. Même s'il avait été le seul adulte, c'en aurait fait un de trop.

Non seulement il n'était pas aimable, mais il n'aidait guère Luke à s'orienter : son bras tendu ne désignait que le vide – ou, ce qui ne valait guère mieux, la grande baie vitrée qui occupait tout un côté de la salle de réception. Luke s'approcha de la vitre, espérant un indice.

À ses pieds s'étendait une vaste salle de sport dont une portion d'environ dix mètres sur vingt avait été isolée du reste. Le vieux M. Blanchflower venait d'y entrer, chargé d'un cageot en plastique contenant… Luke n'arrivait pas à deviner quoi. Et il se serait bien passé de trouver la réponse, mais si ce boulot pouvait le tenir éloigné de M. Webb, il était prêt à faire un effort.

« Bonjour. Luke, c'est ça ?

– Ouais », fit Luke en hochant la tête. Au moins, le vieux l'appelait par son prénom.

« Bon, qu'est-ce que tu sais sur le goalball ? »

Le goalball ? Luke fronça les sourcils. Que dalle, pensa-t-il. « Rien, répondit-il plus poliment.

– Normal, fit M. Blanchflower en souriant. Pourtant, crois-moi, c'est un sport très populaire. Avec des équipes internationales et tout.

– Et comment ça se joue, alors ?

– Eh bien, c'est un peu comme un mélange de bowling et de foot. Mais je n'y joue pas personnellement.

– Plus assez jeune, c'est ça ? fit Luke pour plaisanter.

– Non, répondit M. Blanchflower. Pas assez aveugle. Tiens, prends ça. »

Gêné, Luke attrapa machinalement l'extrémité d'un gros rouleau de bande adhésive blanche que M. Blanchflower venait de sortir du cageot. À partir de ce moment, il se borna à suivre les instructions.

« Et voilà, fit M. Blanchflower une demi-heure plus tard. On a un terrain de goalball. »

Luke contempla leur travail. L'épaisse bande blanche était collante d'un côté et rugueuse de l'autre ; ils s'en étaient servis pour délimiter un rectangle qui avait à peu près la taille d'un court de tennis. À quelques mètres des petits côtés, d'autres bandes traversaient le terrain. « Des sortes de zones de penalty, avait expliqué M. Blanchflower. Chaque équipe doit rester dans sa zone. »

Instruit par les quelques heures qu'il avait passées avec Jodi, Luke n'eut pas trop de peine à deviner comment les joueurs s'y prenaient. « C'est pour ça que la bande est rugueuse, hein ? Pour qu'ils puissent la sentir.

– Exactement. Les joueurs de goalball passent le plus clair de leur temps à quatre pattes. »

D'autres choses, cependant, continuaient à intriguer Luke. « Et les petites marques ? » demanda-t-il. À l'intérieur de la « zone de penalty », M. Blanchflower avait posé, à intervalles réguliers, des bandes blanches plus courtes qui ressemblaient aux graduations d'une règle.

« C'est pour aider les joueurs à savoir où ils sont, glousse-t-il. Mais ça ne suffit pas toujours. L'arbitre doit souvent interrompre la partie parce qu'un joueur tourne le dos à ses adversaires ! Alors, Luke, tu devines comment on joue ? »

Luke réfléchit un moment. Un mélange de bowling et de foot… « Avec un ballon ? » demanda-t-il. Il se sentait à la fois idiot et complètement perdu.

« Ouais ! » M. Blanchflower se pencha sur le cageot et en sortit un objet qui ressemblait à un ballon de foot avec des trous. « Tiens, attrape ! »

Le ballon tinta en volant dans les airs et atterrit dans les mains de Luke.

« Ça se joue par équipes de trois, poursuivit M. Blanchflower. Les joueurs se déploient dans leur zone. Ils essaient de marquer en faisant rouler le ballon dans le but de l'équipe adverse, puis ils défendent leur propre but quand la balle revient vers eux. Simple, non ? »

Simple ? De stopper un ballon qui file sur le terrain et qu'on entend sans le voir ? Ça avait l'air tout sauf simple.

Des voix animées retentirent au-dehors : les joueurs arrivaient. Jodi se trouvait probablement parmi eux, et Luke s'aperçut qu'il était impatient de savoir comment elle allait. Mais il y avait encore une chose qui l'intriguait.

« Alors où sont les buts ? demanda-t-il.

– Bien vu, Luke ! fit M. Blanchflower en riant. On n'en a pas. Les buts de goalball s'étendent sur toute la largeur du terrain. Mais les vraies cages, avec filets, poteaux matelassés et tout le tralalère, coûtent une fortune. Jusqu'ici, on ne pouvait pas s'en offrir. Avec un peu de chance, le marathon de Londres va changer les choses.

– Comment ça ?

– L'argent des sponsors. Jodi veut qu'on en utilise une partie pour acheter des buts. »

Encore une chose que tu as failli faire foirer, s'attendait à entendre Luke. Mais M. Blanchflower ne fit aucune remarque. Luke se demanda s'il n'était pas au courant ou s'il préférait se taire. Dans un cas comme dans l'autre, il se sentait singulièrement reconnaissant.

« Donc jusque-là, poursuivait M. Blanchflower, on continuera comme on l'a toujours fait, avec des cônes en plastique, et en laissant la décision finale à l'arbitre, c'est-à-dire à moi !

– Et comme M. Blanchflower voit, contrairement à nous, difficile de critiquer ses décisions ! »

C'était Jodi. Guidée par sa mère jusqu'à l'entrée de la salle – mais pas au-delà -, elle venait de les rejoindre avec un groupe de joueurs.

« Salut ! fit Luke avec un grand sourire. Ça va ?

– Bien, merci », répondit-elle en souriant également. Puis elle se tourna vers M. Blanchflower. « On a un petit problème. Sean n'est pas venu, donc on n'est que cinq.

– Je lui ai dit que c'était pas grave parce que je compte pour deux ! » cria un gars baraqué qui devait avoir à peu près l'âge de Luke. Il prit une paire de grosses genouillères dans le cageot de M. Blanchflower et commença à se les attacher.

Près de lui, les autres joueurs se préparaient aussi. Il y avait là deux filles, l'une plus âgée, l'autre plus jeune que Jodi, et un garçon que Luke reconnut : c'était Tom, le petit-fils de M. Blanchflower. Tous étaient en train de s'équiper de protections. Des parents et des volontaires épars se tenaient un peu en retrait.

Visiblement, Jodi et le gros balèze se vouaient une saine antipathie. « Et moi j'ai dit à Rick que ce n'était pas parce qu'il pesait double qu'il comptait pour deux. De toute façon, je ne veux pas qu'il ait une excuse toute prête quand son équipe se fera écraser. J'ai une meilleure idée.

– Laquelle ? demanda M. Blanchflower.

– Il pourrait y avoir Rick, Beth et Susila d'un côté…

– Contre toi et Tom ? glapit Rick. Vous allez vous faire anéantir !

– Non. Contre moi, Tom et… Luke.

– Moi ? s'exclama Luke. Jodi, tu n'oublies pas quelque chose ?

– Mince ! gloussa Jodi. Tu n'es pas aveugle, c'est ça ? » Tout en restant blagueur, son ton devint plus tranchant : « Eh bien on va arranger ça ! Un équipement complet pour Luke, s'il vous plaît, Monsieur Blanchflower. Des genouillères, des coudières et… un masque ! »

M. Blanchflower, amusé, fourrageait déjà dans son cageot en plastique.

Luke commençait à paniquer. « Jodi... Non... »

Elle parut comprendre ce qu'il ressentait. « Eh, ne t'inquiète pas. Ce n'est pas pour t'embêter. On demande souvent à des gens qui voient de jouer avec nous.

– Mais... Je serai le seul à porter un masque. »

Je ne veux pas avoir l'air différent. Pas ici. Je ne veux pas me faire remarquer.

« Non, répliqua Jodi. On en porte tous un. » Au moment même où elle disait ces mots, Tom passa sur sa tête quelque chose qui ressemblait à un masque de ski.

« Comment ça se fait ? Je veux dire...

– Tu sais, tout le monde ici n'est pas comme moi. Il y a des gens, Rick par exemple, qui y voient un petit peu. Juste de près, et encore, tout est flou. Beth voit d'un peu plus loin, mais elle dit que c'est comme regarder à travers une paille ! Bref, c'est pour ça qu'on porte tous un masque. Pour être à égalité. Et ça fait partie des règles officielles ! »

précisa Jodi, comme si cet argument tranchait la question.

De fait, comme Luke ne trouvait pas d'autre excuse, la question fut tranchée. Après l'avoir affublé vite fait d'un masque et de protections pour les coudes et les genoux, M. Blanchflower le guida jusqu'à sa place sur le terrain.

« Mets-toi à genoux, dit-il. Tu sens les bandes blanches ? Essaie de rester à proximité.

– Tu es du côté droit, cria Jodi à Luke. Moi, je suis au centre et Tom est à gauche. Et, au fait… on est là pour s'amuser, ne l'oublie pas ! »

S'amuser ? C'était une torture. Tout ce qu'il pouvait faire, c'était utiliser son unique avantage sur les autres : se souvenir du terrain tel qu'il l'avait vu…

Trois joueurs en face. L'un d'entre eux a le ballon. Le vieux Blanchflower a sifflé le début. Grelot ! La balle vient vers nous – et vite. Mais pas vers moi. Des bruits de gens qui plongent et un rire aigu sur ma gauche.

« Je l'ai ! »

Tom. Il se relève. Grognement d'effort. Grelot – il s'éloigne cette fois. Des bravos du côté des spectateurs.

« But pour l'équipe de Jodi ! » proclama M. Blanchflower.

Silence. Retour du ballon à l'équipe d'en face, sans doute. Grelot vers nous. Vers moi ! Mais à quelle distance ? Sur ma gauche. Pas loin. Allez ! Il faut l'attraper. Il est passé ! Une exclamation : Jodi cette fois, derrière moi, à un mètre environ, qui plonge et pousse un cri d'exaspération…

« But pour l'équipe de Rick !

– Je le déteste ! chuchota Jodi à l'attention de Luke. Quand il tire, il donne de l'effet au ballon : la trajectoire dévie vers la droite. Je t'avais prévenu, j'espère ?

– Non ! » fit Luke en riant malgré lui.

Quelqu'un à côté de moi. Un spectateur. Il me met le ballon dans les mains. Que faire ? Lève-toi, Luke. Envoie. C'est parti ! Grelot qui s'éloigne. Bruit sourd de ballon qu'on arrête. Pas de coup de sifflet ou d'annonce du vieux B., donc pas de but. Grelot. Le ballon revient droit vers moi ! Où suis-je ? À genoux. Tâtonnements sur le sol pour trouver la bande blanche. Introuvable ! Ah si, la voilà. Mais pas les autres marques… Je ne suis pas en position ! Le ballon arrive sur ma gauche…

« Ouais ! »

Le cri de triomphe de Jodi, qui venait de sauver son équipe en arrêtant le ballon, retentit juste au moment où Luke posait la main sur la marque qu'il cherchait. Aussi soulagé par l'un que par l'autre, il hurla à son tour : « Ouais ! »

Le jeu était rapide, intense et, il fallait bien le reconnaître, très amusant. Luke n'avait pas la moindre idée du score ni du temps qu'ils avaient passé sur le terrain, mais ça n'avait aucune importance. Le rire contagieux des autres joueurs et le rythme endiablé du match faisaient de ce moment une expérience inoubliable. Bien sûr, il avait laissé passer trop de tirs, mais comment faire autrement avec un type comme Rick, qui n'arrêtait pas de brosser le ballon ?

Je commence à piger son truc, cela dit. Le ballon arrive sur ma droite et finit sur ma gauche. C'est encore lui qui l'a. Repérer la manière dont il souffle quand il se relève. Grelot. Zoum ! Le ballon arrive à toute allure. Vers moi ! À droite, toujours. Inutile de bouger, il va dévier… Mais non ! Il ne dévie pas ! Il faisait un bruit différent les autres fois : le son changeait avec la direction. Le saligaud ! Il a fait un tir simple ! Plonge à droite, Luke ! Bras tendus ! Je l'ai !

C'était la première fois que Luke bloquait si bien le ballon. Après l'avoir attrapé à deux mains, il parvint à le conserver en roulant sur le sol. Il se releva comme l'éclair, si euphorique qu'il entendait à peine les bravos des spectateurs.

Renvoie, maintenant ! Vite ! Préparation du bras – et prenez-vous ça ! Grelot frénétique : le ballon est parti. Mais pourquoi s'arrête-t-il ? Pourquoi le sifflet ?

« Faute, Luke ! » C'était la voix de M. Blanchflower, aussi solennelle que possible.

« Hein ? Mais pourquoi ? »

Jodi semblait proche du fou rire. « Parce que tu es à l'envers. J'en suis sûre ! J'ai senti le ballon passer près de ma jambe. Tu viens de le mettre dans notre but ! »

Luke arracha son masque. Jodi avait raison. Dans l'excitation du moment, il avait perdu ses repères. Un spectateur hilare tenait le ballon qu'il venait d'envoyer avec tant d'espoir de marquer. Il sentit son visage s'empourprer.

M. Blanchflower siffla longuement. « C'est le bon moment pour s'arrêter. Bien joué, tout le monde ! »

Jodi vint aussitôt vers Luke. « Tu sais, ça ne compte pas, les buts qu'on marque dans son camp. Ça aussi, c'est dans le règlement. On l'a tous déjà fait. Le mois dernier, j'ai failli décapiter Tom avec le ballon ! »

Luke se sentit immédiatement soulagé. « Heureusement que je ne t'ai pas touchée, alors.

– Ouais ! Il n'aurait plus manqué que tu me casses la jambe ! » Elle gloussait toujours comme une folle, et Luke ne put s'empêcher de sourire.

Ça devait être contagieux, car Mme Webb, qui les regardait depuis la baie vitrée, souriait également. À côté d'elle, M. Webb était assis sur une chaise, béquilles appuyées contre la vitre. Il ne souriait pas.

Comme par hasard.

« Je vais finir de ranger seul, Luke, dit M. Blanchflower. Peux-tu me rendre un service et emmener Tom là-haut ?

– Bien sûr », fit Luke. Jodi était partie se changer en donnant le bras à Beth et Susila. Quant à Tom, il ne quittait visiblement jamais son short et son maillot de foot West Ham. Luke attendit que le gamin lui prenne le coude, puis le guida jusqu'à la sortie et, avec précaution, lui fit monter l'escalier menant à la salle de réception. Tom n'arrêtait pas de causer.

« Trop bien, ce match ! T'as triché ?

– Non, répondit Luke en souriant.

– Moi, j'aurais triché. J'aurais regardé par-dessous mon masque ! Pourquoi tu ne l'as pas fait ?

– De toute manière, ton grand-père m'aurait vu.

– Vrai ! Et il t'aurait exclu !

– Il m'aurait filé un carton rouge ! » s'esclaffa Luke.

Il était arrivé en haut de l'escalier. Tom, qui se tenait un pas en arrière pour repérer la dernière marche, le rejoignit sur le palier.

« C'est clair ! » fit-il gaiement. Puis il devint pensif. « Luke, à quoi ça ressemble, un carton rouge ?

– Un carton rouge ? Eh bien, c'est carré. Et… »

Rouge.

Que dire ? Rouge, c'est rouge. Comment décrire une couleur ? Luke pensa aux fleurs de Jodi, et le souvenir de leurs teintes éclatantes lui fournit la réponse.

« Et chaud, compléta-t-il. Le rouge est une couleur chaude. Pour calmer les joueurs au sang chaud ! »

Ils entrèrent dans la salle de réception. Tom leva la tête vers Luke.

« T'es cool », dit-il.

Luke songea à l'élève de cinquième rencontré dans la cour. Il y avait aussi du respect, de l'admiration dans la voix de Tom. Et c'était mille fois plus agréable que la dernière fois.

« Non, il n'est pas cool. »

C'était M. Webb, plus renfrogné que jamais. Il avait quitté la baie vitrée et s'était installé tant bien que mal sur une chaise proche de l'entrée.

« Pas cool du tout, Tom. C'est un voleur. »

11

Le bureau de Viv Defoe était petit et encombré. Des boîtes à archives s'entassaient sur des étagères affaissées. Les tiroirs des deux meubles de classement étaient trop pleins pour fermer, et la minuscule table de travail semblait avoir été conçue pour entrer juste dans l'espace disponible. Assis sur une chaise tout aussi ridicule, dans une position inconfortable, Viv faisait penser à un grand garçon exilé dans une classe de CP.

Un autre jour, Luke aurait pu lui faire part de cette impression. Mais pas aujourd'hui. Il n'était pas d'humeur à plaisanter. Il alla droit au but.

« Je veux arrêter, Viv. »

Viv sourit. « Quoi, de voler ? Tu m'en vois enchanté, Luke.

– Tu sais bien ce que je veux dire. De travailler avec eux. De faire le guide d'aveugle. Je veux un autre boulot.

– Pourquoi ?

– Tu sais bien pourquoi. À cause de lui.

– M. Webb ? »

Luke hocha la tête. « Il me déteste. »

Viv se leva et s'étira comme s'il avait été en boîte toute la journée. « Et tu trouves ça étonnant ? »

La question prit Luke par surprise. Était-il étonnant que M. Webb le déteste ? Il n'y avait jamais vraiment réfléchi. Viv profita de son silence pour en rajouter :

« Sans toi, il ne se serait pas cassé la jambe. Sans toi, il serait encore en état d'aider sa fille. Sans toi, il aurait peut-être encore sa voiture…

– Je ne l'ai pas volée !

– Mais tu n'as pas non plus aidé à trouver les voleurs. »

Luke lui servit sa réponse bien rodée : « Je ne sais pas qui c'était. » Puis il revint au sujet qui l'amenait : « Et je ne veux pas continuer ce boulot avec les aveugles. Trouve-moi autre chose à faire.

– Pourquoi ? Pourquoi laisser tomber avant même d'avoir essayé ?

– J'ai essayé !

– Deux séances ? Oh, bravo, Luke. Excellent. Bon point pour l'endurance. »

Viv était en colère à présent : Luke ne l'avait jamais vu aussi fâché. Il désigna les boîtes à archives, puis ouvrit un tiroir plein à craquer et le referma brutalement.

« Tu vois tous ces gens ? Des gamins d'East Med, des gamins de West Med. Et plein de gamins de la ville, au cas où tu croirais que c'est toujours vous qui trinquez. Tous, on leur a donné une chance de s'en sortir. Certains même… (Viv foudroya Luke du regard) deux chances, trois chances, voire plus. Tu as le droit de ne pas aimer le système, Luke, mais il te donne sacrément plus de chances que tu ne lui en donnes. »

Il se rassit sur sa petite chaise, toujours énervé, et se pencha en avant pour asséner : « À ton avis, combien de séances il a fallu à Jodi ? Est-ce qu'elle a laissé tomber après les deux premières ? Non, bien sûr. Mais ce n'est pas à elle que tu penses, hein ? Tu ne penses qu'à toi.

– On dirait le vieux Webb ! s'exclama Luke.

– Peut-être parce qu'il a raison ! » cria Viv. Il se redressa et reprit la parole plus calmement, mais sans céder de terrain. « Donc tu as eu un accident sur la piste et il t'a passé un savon. Jodi n'a pas été blessée. Et elle ne t'en veut pas, n'est-ce pas ?

– Il n'y a pas que ça ! explosa Luke, crachant enfin ce qu'il avait sur le cœur depuis la soirée au Broke – et qu'il n'avait pas eu le courage d'avouer à Viv pendant le trajet du retour. Il a dit à un gosse que j'étais un voleur.

– C'est la vérité, Luke. »

Viv avait parlé bas, mais ses mots n'auraient pu résonner plus fort dans la tête de Luke, même s'il les avait gueulés dans un mégaphone. Le jeune homme ne répondit pas. Il en était incapable. Viv parut le sentir et rompit lui-même le silence.

« Pourquoi abandonner maintenant ? Tu sais bien ce qui va se passer si tu arrêtes : je vais te trouver un boulot de nettoyage pépère et, après ça, tu partiras droit pour Markham. C'est ce que tu veux ? »

Luke haussa les épaules. Ce n'était pas ce qu'il voulait. Surtout pas. Mais il ne voulait pas non plus avoir à supporter M. Webb. Au bout du compte, au fond du fond, il ne savait pas ce qu'il voulait.

Viv se leva brusquement, prit sa veste sur le dossier de sa chaise et l'enfila. « OK, alors. Allons-y.

– Hein ? Où ça ?

– Chez les Webb. Mais ce n'est pas moi qui leur parlerai. Tu peux le faire toi-même. Dire à Jodi en face que tu la laisses tomber.

– Elle s'en fichera », dit Luke, sachant bien que ce n'était pas vrai.

Viv resta de marbre. « Eh bien, ce sera facile pour toi, alors. »

Il attendait dans l'encadrement de la porte, mais Luke ne bougea pas. Il se contenta de regarder ses mains d'un air boudeur. Il ne pouvait pas faire ça. S'il n'y avait eu que M. Webb, ç'aurait été facile. Luke aurait même adoré lui mettre le nez dans son caca. Mais il ne pouvait pas faire ça à Jodi – la seule personne qui ait jamais dit qu'elle lui faisait confiance.

Viv se rassit discrètement, si discrètement que Luke se demanda s'il n'avait pas été victime d'une habile comédie.

« Eh, essaie au moins encore une fois. La prochaine séance est samedi matin, non ? »

Luke hocha la tête, puis leva les yeux vers Viv : « Tu pourras rester cette fois ? Pour calmer un peu le vieux Webb ?

– Tu ne l'auras pas sur le dos ce samedi. Pendant notre réunion, il m'a dit qu'il ne pourrait pas être là. Séance de rééducation, ou un truc comme ça. »

Le visage de Luke s'éclaira un peu. « Pas de vieil emmerdeur ? Dis donc, ça va me manquer ! »

Viv se leva et alla ouvrir la porte, en souriant cette fois. « Je viendrai te chercher, alors. »

Luke s'arrêta sur le palier. « Tu pourras me déposer à Riverside ensuite ?

– Impossible. J'ai d'autres choses à faire. Pourquoi ?

– Je dois acheter une carte pour mon père. C'est son anniversaire samedi. Cette année, il aura sa carte avec seulement un jour de retard. »

Viv regarda Luke s'éloigner dans la rue. Dans l'exercice de son métier, il se faisait un devoir de rassembler discrètement quelques informations sur ses « clients », par exemple où étaient et ce que faisaient leurs parents. Il évitait ainsi de les mettre mal à l'aise en posant des questions idiotes, comme : « Et pourquoi ton père n'aura-t-il sa carte que dimanche ? »

Il savait que le dimanche était le jour où la mère de Luke trouvait le temps d'aller à la prison.

La séance du samedi matin se passa mieux que Luke n'aurait pu l'espérer.

Viv quitta le Broke dès l'arrivée de Jodi. Une fois de plus, c'était le vieux M. Blanchflower qui était passé la prendre en amenant son petit-fils. Luke déambula dans le parking tandis que Tom et Jodi sortaient de la voiture de M. Blanchflower

– un break d'âge respectable, mais magnifiquement entretenu. Puis il s'approcha.

« Salut », dit-il d'une d'une voix hésitante.

Tom lui adressa un sourire vacillant et plein d'incertitude, mais Jodi, visiblement, était d'aussi bonne humeur que d'habitude. « Salut, Luke ! La forme ? »

Luke commença par hausser les épaules, puis se maudit pour sa bêtise. « Ça va, répondit-il, et toi ?

– Super. » La main de Jodi cherchait déjà son coude. « Prête à foncer ! »

Ce bel entrain ne se démentit pas sur la piste de course. Après les échauffements, ils firent un premier tour à une allure modérée. Tout se passa bien. Luke conserva sa position, prévint Jodi quand il fallait tourner ou redresser et, surtout, vérifia soigneusement qu'elle restait à distance du bord.

« Génial ! dit-elle quand ils s'arrêtèrent. Ça m'a paru vraiment facile.

– Ah ouais ?

– Ouais. Je n'étais pas inquiète du tout. Tu aurais dû t'en apercevoir à la manière dont je courais. »

Luke fronça les sourcils. « Et comment ?

– Mes genoux ne s'entrechoquaient pas ! »

Tout en riant, Jodi chercha la montre qu'elle portait au poignet. Luke avait déjà vu cette montre, mais il ne lui était jamais venu à l'idée de se demander comment Jodi lisait l'heure. La réponse ne se fit pas attendre : une petite pression sur un bouton et le verre de protection s'ouvrit, découvrant des aiguilles en relief.

« Sympa, la montre, fit Luke, impressionné.

– Cadeau d'anniversaire, dit Jodi avant d'ajouter : De mes parents. » Elle poussa un petit soupir. « Oh, je les adore, tu sais. Ils se sont toujours mis en quatre pour moi. Ça n'a pas dû être facile de voir leur bébé devenir aveugle. »

Luke hésita. « Comment…

– Comment c'est arrivé ? Juste une maldonne dans la distribution de mes gènes. Apparemment, il y a eu des aveugles du côté de ma mère. Une maladie héréditaire appelée la rétinite pigmentaire. Il a fallu que ça saute une génération et que ça tombe sur moi. Mais ç'aurait pu être pire. Les malades perdent généralement la vue vers quarante ou cinquante ans.

– Et tu trouves ça *pire* ?

– Bien sûr. Une chose que tu n'as jamais vraiment eue ne peut pas te manquer. » Elle agita le poignet gaiement. « Et on ne m'aurait jamais offert une montre aussi cool ! Elle fait aussi chronomètre, tu sais. Tu veux tester ?

– Sur quoi ?

– On pourrait se chronométrer sur quatre tours de piste. Mille six cents mètres.

– Mille six cents mètres !

– Le parcours du mini-marathon fait plus de quatre kilomètres. Il va falloir t'entraîner progressivement à me guider sur toute la distance. »

Luke ne voyait pas trop quoi objecter à ça. D'ailleurs, sans le regard noir de M. Webb dans son dos, lui aussi se sentait en forme.

Ils démarrèrent à une allure tranquille : rien d'héroïque. Premier, deuxième, troisième tour. Il arrivait que Luke perde le rythme ou prévienne Jodi un peu tard à l'entrée du virage, mais globalement tout allait bien.

C'est en entamant le quatrième et dernier tour qu'il commença à faiblir. Pendant la première séance, ils avaient fait des pauses confortables entre les tours. Cette fois, sa poitrine lui faisait mal et ses jambes lui semblaient de plomb.

« Tu veux t'arrêter ? »

Jodi. Elle avait dû remarquer qu'il haletait au lieu de respirer.

« Pas question. Tout va bien.

– Sûr ?

– Sûr. » Luke serra les dents et, d'une voix étouffée, la prévint qu'ils arrivaient dans le virage. « À gauche – maintenant ! »

Mais il s'épuisait. À la sortie du virage, la lanière qui les reliait ballottait entre eux. Jodi courait plus vite que lui. S'il ne parvenait pas à accélérer, il serait bientôt à la traîne…

« Stop ! » cria Jodi.

Tout en obéissant avec soulagement, Luke lui lança un regard étonné. Elle courait si bien depuis tout à l'heure. Et voilà qu'elle se tenait le flanc…

« Désolée, dit-elle. Méchant point de côté. Il fallait que je m'arrête. »

Luke faillit sauter de joie. Deux choses l'en empêchèrent : son souffle défaillant et un cri de douleur provenant de la fosse de saut en longueur.

Jodi réagit instantanément. « C'est Tom ! Qu'est-ce qui s'est passé ? »

Luke regarda la fosse et vit M. Blanchflower agenouillé dans le sable près de son petit-fils, qui se tordait de douleur.

« On dirait qu'il s'est foulé la cheville, dit-il. Ou pire.

– Amène-moi près de lui, Luke. Il s'est déjà cassé la cheville. Il faut peut-être qu'il aille faire une radio à l'hôpital. » Jodi saisit le coude de Luke, le poussant presque.

« Tu veux dire qu'il fait aussi du saut en longueur ? Mais pourquoi ?

– Parce qu'il peut », répliqua-t-elle simplement.

Luke la conduisit jusqu'à la fosse. La voyant arriver, M. Blanchflower l'attira vers lui pour qu'elle l'aide à calmer Tom, qui criait toujours.

C'est alors seulement, en l'entendant parler sans la moindre difficulté, que Luke comprit qu'elle n'avait jamais eu de point de côté. Elle savait qu'il n'arrivait pas à suivre. C'était pour ça qu'elle lui avait demandé de s'arrêter : pour lui épargner un nouvel échec.

Qu'avait donc dit Mme Mousse, la magistrate, à propos des Webb ? *Des personnes tout à fait remarquables*. Luke n'en était pas si sûr pour M. et Mme Webb – il n'y avait rien de remarquable à le traiter comme une merde, plein de gens le faisaient – mais, s'agissant de Jodi, il commmençait à comprendre ce qu'elle avait voulu dire.

Il n'allait pas tarder à en avoir une illustration supplémentaire. Tandis que deux autres personnes examinaient la cheville de Tom en secouant la tête, M. Blanchflower raccompagna Jodi jusqu'à son guide. « Tu es sûre ? » demandait-il.

Jodi reprit le coude de Luke. « Sûre et certaine. J'ai mon portable avec moi. Je vais en appeler un et Papa paiera à l'arrivée. »

M. Blanchflower, à la fois reconnaissant et préoccupé, retourna auprès de son petit-fils.

« Qu'est-ce qui se passe ? demanda Luke.

– M. Blanchflower emmène Tom à l'hôpital. Je lui ai dit de ne pas s'en faire pour mon retour à la maison. Il croit que je vais appeler un taxi.

– Comment ça, *il croit* ?

– Je ne vais rien appeler du tout. C'est seulement à trois kilomètres. Tu n'auras qu'à me guider.

– Moi ?

– Oui, toi. Je te propose un marché : tu me raccompagnes et on n'est pas obligés d'y aller en courant ! Ça te va ? »

Luke secoua la tête. Il était inutile d'essayer de discuter et, de toute manière, le programme lui convenait parfaitement. « Ouais, dit-il en souriant. Je peux t'emprunter ton portable pour prévenir Viv que je me passerai de chauffeur ? »

Luke s'aperçut vite qu'il était plus facile de guider quelqu'un sur une piste de course que dans une rue noire de monde : il était à la fois fier de tenir son rôle et terrorisé à l'idée d'échouer. Jodi, quant à elle, semblait s'amuser comme une folle. À un moment, il faillit la guider droit dans un réverbère ; elle éclata de rire.

« Voilà un vrai test ! dit-elle. Le marathon de Londres sera exactement comme ça, Luke. Des obstacles partout ! Je compte sur toi pour me protéger.

– Ton père ne compterait pas sur moi pour te guider dans un désert.

– Ça, c'est lui, pas moi. »

Ils arrivaient à un carrefour contrôlé par des feux. En temps normal, Luke se serait élancé sur la chaussée et faufilé entre les voitures en insultant les conducteurs qui avaient l'audace de klaxonner. Mais pas aujourd'hui.

« Stop, ordonna-t-il en s'arrêtant sur le trottoir.

– Link Road », dit Jodi. Elle n'attendit pas que Luke demande comment elle savait où ils étaient. « Papa râle sans arrêt quand on tombe sur ces feux. Il dit qu'ils restent rouges trop longtemps. »

À ce moment, le petit bonhomme vert se mit à clignoter et le bip aigu qui irritait toujours tant Luke retentit. Jodi le poussa vers l'avant en disant : « Allez, en route ! Tu es sourd ou quoi ? ». Luke comprit alors que le signal sonore ne l'agacerait plus jamais.

Ils poursuivirent leur chemin en direction du « pont » de West Med. Tout comme East Med, la cité était reliée à la ville par une étroite passerelle métallique qui enjambait l'autoroute. La seule différence, nota Luke, c'était que celle de West Med était encore plus rouillée.

Ils la traversèrent et poursuivirent leur chemin. Luke ralentissait maintenant beaucoup moins souvent. Jodi lui faisait confiance et cela se sentait : quand il lui donnait une instruction, voire manœuvrait sans rien dire pour éviter quelqu'un qui arrivait en face d'eux, elle le suivait instantanément. En atteignant l'extrémité nord de Rigby Road, avec son lot de boutiques minables, il se sentait suffisamment sûr de lui pour se lancer.

« Il y a un bazar où j'aimerais m'arrêter, dit-il. On arrive devant.

– Je sais. »

Cette fois, Luke lui posa la question : « Comment tu le sais ? Vas-y, explique-moi.

– On a tourné à gauche après le feu. J'en ai déduit qu'on allait vers la passerelle. Et j'aurais su qu'on traversait même si je n'avais pas entendu les voitures sur l'autoroute. La passerelle est en métal : quand on marche dessus, le bruit et la sensation sont différents. Ensuite il y a eu l'échoppe de frites au coin de la rue, et ça, je l'ai senti de loin ! Même chose pour le café qu'on vient de dépasser – surtout quand ils préparent des sandwichs au bacon. Et comme je sais que le bazar est à trois boutiques du café… Bingo !

– Avoue, dit Luke. Tu n'as pas besoin de moi, hein ? »

Jodi lui poussa doucement le bras. « Si, dit-elle. Allons-y, j'ai aussi quelque chose à acheter. »

À l'intérieur, Jodi fut reçue comme une vieille amie. Une vendeuse se précipita vers elle pour lui prendre le bras. Luke les laissa et se dirigea d'un pas nonchalant vers les présentoirs de cartes.

Bon anniversaire au meilleur des papas
Joyeux anniversaire, Papa chéri !
Un bel anniversaire, Papa ! Tu l'as bien mérité.

Luke se décida pour un simple *Bon anniversaire, Papa*. La carte était de taille convenable. Pas trop grande, mais pas trop petite non plus

– il pouvait facilement la dissimuler dans sa poche intérieure. Il leva les yeux vers le miroir de sécurité convexe accroché dans un coin. La vendeuse, qui avait fini de s'occuper de Jodi, était de retour à son comptoir et le regardait. Il allait devoir payer.

« Qu'est-ce que tu as acheté ? demanda Jodi quand ils furent dehors.

– Une carte d'anniversaire. Pour mon père. » Luke s'empressa de changer de sujet. « Et toi ? »

Jodi plongea la main dans son sac en papier. « Des graines. De giroflées. Elles sentent incroyablement bon quand elles fleurissent. » Elle tâtonna pour trouver la main de Luke et y déposa l'un des deux sachets de graines qu'elle venait d'acheter. « Pour toi.

– Pour moi ! » Malgré lui, Luke prit un ton railleur. « Des graines ? Et où tu crois que je vais les planter ? Je vis en haut d'une tour. Pas de jardin, rien. Garde-les.

– Tu n'as pas besoin de jardin. Mets de la terre dans une boîte ou n'importe quoi d'autre. Plante-les et regarde ce qui se passe. »

Luke n'eut pas l'occasion de se défendre davantage, car un appel retentit à la porte du café, trois boutiques plus loin.

« Salut, Lukey ! C'est qui, ta copine ? »

C'était Mig Russell, la bouche pleine et la moitié d'un sandwich au bacon dans la main. Assis à la table la plus proche de la porte, Lee Young sirotait une canette de soda. Il cria à son tour : « Mignonne ! »

Russell s'esclaffa, projetant des miettes de pain dans les airs. « On va se revoir bientôt, Lukey. Mets-toi bien ça dans la tête. »

Luke comprit qu'ils n'avaient pas reconnu Jodi. Rien d'étonnant à ça. Les choses s'étaient passées si vite dans ce parking. D'ailleurs, raisonna-t-il une fois de plus, s'ils avaient failli la percuter avec le 4 x 4, c'était parce qu'ils ne l'avaient vue qu'à la dernière seconde.

Néanmoins, il tourna les talons brusquement et, fourrant le sachet de graines dans sa poche, entraîna Jodi vers le bas de Rigby Road.

« Qui c'était ? demanda-t-elle doucement.

– Personne. Deux types que je connais. Je me demande ce qu'ils font par ici. Ils vivent à East Med. »

Autre question, d'une voix toujours aussi douce : « Et ils s'appellent ?
– Lee Young, Mig Russell », répondit Luke sans réfléchir.

Ils étaient arrivés chez Jodi. En soulevant le loquet de la barrière, Luke perçut un mouvement derrière les rideaux en dentelle : Mme Webb venait leur ouvrir. « On se voit au prochain entraînement, alors. »

Jodi hocha la tête, mais tout son entrain avait disparu. Elle se tourna vers Luke, le forçant à lui faire face. « Tu m'as dit que tu ne savais pas qui avait volé notre voiture. »

Luke retint son souffle. « Quoi ?
– Mais tu le savais, hein ? Et maintenant je le sais aussi. Ils s'appellent Lee Young et Mig Russell. Je t'avais dit que je les reconnaîtrais si je réentendais leurs voix. »

Luke déglutit avec effort. Il ne pouvait plus se dérober : il fallait tout dire à Jodi – et lui faire entendre raison.

« Jodi, ce ne sont pas mes amis. Je les connaissais *de réputation*, c'est tout. Et je savais ce qui m'arriverait si je les balançais. Un mot et je suis foutu. »

Mme Webb se tenait maintenant sur le seuil. Elle ne s'était pas précipitée pour aider Jodi, mais Luke était trop préoccupé pour apprécier cette marque de confiance.

« Jodi, s'il te plaît ! souffla-t-il. Promets-moi de ne rien dire !

– Oh, Luke, fit-elle dans un murmure. Qui croirait une aveugle ? »

12

Il y avait la queue, comme toujours. Essentiellement composée de femmes et d'enfants, elle s'étendait sur une vingtaine de mètres dans la rue, au vu et au su de tout le monde. Les gens qui passaient en voiture devaient la regarder, la montrer du doigt, secouer la tête. Luke croyait les entendre :

Les heures de visite. Ils attendent que les portes s'ouvrent. Pauvres bougres. Ça doit être terrible d'avoir quelqu'un de sa famille en taule. Mais bon, c'est sans doute bien fait.

Le portier avait dû ouvrir, car la queue s'ébranlait lentement. Luke suivit le mouvement, mains dans les poches, en se demandant ce qu'il allait bien pouvoir dire à l'homme qu'il venait voir.

Les visites n'étaient pas aussi limitées qu'autrefois. Il y avait eu une époque où elles n'étaient autorisées que deux fois par mois. À présent, ils auraient pu venir presque tous les jours s'ils l'avaient voulu – et si la mère de Luke avait pu se le permettre. Ce qui n'était pas le cas. Pour se rendre à la prison, il fallait traverser Londres en métro, et le prix des tickets faisait de cette visite une expédition coûteuse. En plus, ce n'était pas une sortie amusante, comme d'aller au bord de la mer ou au zoo. Quand on leur avait répété, pour la énième fois, qui était le monsieur étrange qu'ils avaient sous les yeux, le frère et la sœur de Luke passaient invariablement le reste de la visite à s'agiter et à faire du boucan. Aujourd'hui, pendant le trajet, la mère de Luke n'avait réussi à les calmer qu'en leur disant que c'était l'anniversaire de papa. Luke n'osait pas penser à l'esclandre qu'ils feraient en découvrant qu'à Wormwood Scrubs, prison de Sa Majesté, les anniversaires se fêtaient sans gâteau ni glace.

Ils pénétrèrent dans le hall d'entrée. Tous les visiteurs, même ceux qui venaient régulièrement, se turent en entendant le portier les enfermer à l'intérieur. Ils passèrent ensuite un tourniquet nouvellement aménagé, comme s'ils entraient dans un stade pour assister à un grand match de foot. Quelques mètres supplémentaires, une volée de marches, et on les introduisit dans le parloir.

Le père de Luke était déjà là, à sa place habituelle, au fond de la salle. Il n'y avait pas si longtemps, les visiteurs devaient tous s'asseoir d'un côté d'une longue rangée de tables, comme dans une fête de rue (à ceci près que, dans une fête de rue, les gens ne chuchotaient pas pour éviter d'être entendus de leurs voisins). Depuis, la salle avait été réaménagée. On s'asseyait désormais sur des sièges moelleux disposés par petits groupes autour de tables basses.

Une chose, toutefois, n'avait pas changé : les matons alignés le long des murs, leurs yeux toujours en mouvement. Malgré ses efforts, Luke ne parvenait jamais à oublier leur présence.

Son père ne leva la tête que lorsque sa famille fut devant lui, comme si on l'arrachait à ses pensées. Il se força à sourire. « Salut, ça va ? »

C'était un salut général, adressé à aucun d'entre eux en particulier. La mère de Luke se pencha pour l'embrasser, Billy et Jade accrochés à sa jupe. Luke attendit que tout le monde ait terminé, puis lança à son tour un « Salut » et s'assit. La conversation débuta gauchement ; on aurait dit des étrangers assis dans le même compartiment.

La mère de Luke : « Comment tu vas ? »

Le père : « Pas trop mal, on va dire. Et vous ? »

Hochement de tête assorti d'un haussement d'épaules. « Bien. Billy a eu un petit rhume. Mais maintenant ça va. »

Jade, montrant un bout de sparadrap malpropre : « Et moi je suis tombée et je me suis fait mal au genou ! »

Billy, rancunier : « Elle a cassé ma plus belle voiture. »

Jade : « Ta voiture m'a fait mal au genou ! »

C'était reparti : ils dominaient la conversation, accaparaient l'attention. Luke resta assis à observer son père. Il avait un peu l'impression de faire tapisserie.

Le paternel avait vieilli. Sur ses doigts, les taches laissées par la cigarette s'étaient accentuées. Sa peau était plus grise, et le tatouage qu'il avait sur l'avant-bras, autrefois bleu vif, semblait pâle et décoloré.

Arriverait-il la même chose à Luke s'il allait à Markham ? En sortirait-il tout gris et éteint ? Il chassa aussitôt cette pensée. Lee Young et Mig Russell en étaient bien revenus intacts, non ?

Mais il y avait une différence notable entre quatre mois à Markham et le temps que son père avait passé en taule. Deux ans pour cambriolages de magasins en série. Quatre ans pour cambriolage aggravé et détention d'arme à feu. Un temps dehors, puis deux années supplémentaires juste avant la naissance de Billy. Nouvelle période de liberté – assez longue pour s'embarquer dans une affaire de fraude qui avait coûté à une demi-douzaine de personnes âgées les économies de toute leur vie. Quatre ans, cette fois. Jade était née le jour de la condamnation. Combien d'années cela faisait-il ?

Les calculs de Luke furent interrompus par la voix de sa mère, qui profitait d'une courte pause dans le babillage de Billy et Jade pour lancer d'un ton qui se voulait joyeux : « Au fait, bon anniversaire ! »

Billy tendit à son père sa carte d'anniversaire faite main – un truc énorme fabriqué à la garderie du coin et barbouillé d'une quantité de gouache suffisante pour repeindre un mur. À côté, le bonhomme que Jade avait gribouillé sur une feuille de brouillon paraissait minuscule ; la gamine se renfrogna. Elle retrouva le sourire au moment des cadeaux : la tablette de chocolat que sa mère lui tendait pour qu'elle la donne au monsieur était nettement plus grosse que le paquet de cigarettes confié à Billy. Un des gardiens postés le long du mur observait la scène. Il lui faudrait inspecter ces cadeaux dès la visite terminée. Il n'aimait pas faire ce genre de chose, mais le règlement était le règlement.

« Luke ? »

Sa mère le regardait. Son père aussi, avec un demi-intérêt. Luke sortit la carte qu'il avait achetée la veille. « Ouais, dit-il. Bon anniversaire. »

Son père prit l'enveloppe, l'ouvrit avec le pouce et jeta un coup d'œil à la carte qui se trouvait à l'intérieur, agrémentée d'un message griffonné. Il marmonna quelque chose qui était peut-être un « merci » – et peut-être pas.

Mme Reid regardait toujours son fils. « C'est tout ? » demanda-t-elle.

Luke ne comprit d'abord pas de quoi elle voulait parler. Puis Billy se mit à piailler : « Luke n'a pas apporté de cadeau ! *Moi*, j'ai apporté un cadeau.

– Moi aussi ! » brailla Jade pour ne pas être en reste.

La première réaction de Luke fut la honte. La veille, au bazar, il n'avait pas assez d'argent sur lui pour acheter à la fois une carte et un cadeau. Il comptait ressortir plus tard, mais, pour une raison ou pour une autre, il avait oublié. À sa honte se mêlait toutefois une rage muette : Pourquoi devrait-il acheter un cadeau à son père, voire prendre le risque d'en voler un ? Était-il normal de faire des cadeaux à un étranger ?

Le geste qu'il eut alors, Luke ne pouvait l'expliquer. Peut-être était-ce la colère d'être pris en défaut ; peut-être était-ce le remords de ne rien avoir apporté pour cet homme qui, malgré tout, était son père. En tout cas, lorsqu'il s'aperçut qu'il restait quelque chose dans sa poche, il ne réfléchit pas : il tendit l'objet à son père.

« Un sachet de graines ? »

À l'évidence, le père de Luke n'en croyait pas ses yeux. Il souriait, mais ce n'était pas le sourire aimant dont il avait gratifié Billy et Jade. Il y avait dans ce sourire un mélange de dégoût et… de quelque chose que Luke n'arrivait pas à identifier.

« Qu'est-ce que je suis censé faire avec ça ? Donner à manger aux oiseaux ? »

Luke regrettait déjà son geste. Il aurait simplement dû invoquer le manque d'argent – ils n'auraient rien eu à répondre à ça. En l'occurrence, tout ce qu'il trouva à faire, ce fut de répéter les paroles de Jodi :

« Tu n'as pas besoin de jardin. Mets de la terre dans une boîte ou n'importe quoi d'autre. Plante-les et regarde ce qui se passe. »

Dans les yeux de son père, le sentiment indéfinissable persistait, voire s'intensifiait. « Tu te crois où, Luke ? demanda-t-il en écrasant sa cigarette à petits coups vigoureux. Dans un camp de vacances ? Hein ? Dans un hôtel où les gens viennent s'éclater ? C'est ça ?

– Non…

– Bien vu ! Parce que ce n'est pas le cas. Il y a six cents hommes ici, tous des gros durs. Si tu n'es pas aussi fort qu'eux, tu te fais tailler en morceaux. Et tu voudrais que… que je plante des *fleurs* ! »

Le père de Luke se mit à rire, un rire dur et sans joie qu'il semblait expulser de force, comme s'il était coincé dans sa gorge. Il se pencha vers l'avant, les épaules secouées de spasmes, et se mit à tourner et retourner le sachet, examinant la photo devant et le mode d'emploi derrière – *Planter en avril pour une floraison abondante de juillet aux premières gelées*. Ce n'est qu'au bout d'environ trente secondes que Luke s'aperçut que son père ne riait plus.

Il pleurait.

Le sentiment que Luke avait remarqué dans ses yeux, celui qu'il n'avait jamais vu chez son père et qu'il n'arrivait pas à identifier, c'était de la douleur.

Contre le mur, un gardien remua – discrètement, mais assez pour pouvoir vérifier ce qui se passait. Le père de Luke s'empressa d'essuyer ses larmes avec sa manche, sortit une cigarette de son paquet d'anniversaire et l'alluma. Puis il tendit le bras par-dessus la table et prit la main de la mère de Luke.

« En sortant d'ici, dit-il, je me range. Je file droit.

– Tu disais déjà ça la dernière fois, Dave, répliqua-t-elle platement.

– Je sais. Mais cette fois c'est pour de bon. Vraiment. » Il entrelaça leurs doigts. « Tu sais ce que je me suis pris dans la figure en me réveillant ce matin ? J'ai trente-cinq ans. Trente-cinq ! Et j'en ai passé dix enfermé. Dix anniversaires derrière les barreaux. »

Et dix de *mes* anniversaires ! aurait voulu crier Luke. Il refoulait ses propres larmes, cherchant quelque chose de réconfortant à dire, quelque chose pour compenser ce foutu sachet de graines. Mais rien ne lui venait à l'esprit.

Ensuite, il fut trop tard. Luke sentit que le moment était passé. Son père secoua la tête, tel un boxeur qu'on vient de frapper par surprise, et se redressa sur son siège. Billy et Jade, qui ne loupaient pas une occasion de meubler le silence, emplirent le reste de l'heure de visite avec leurs chamailleries et leur babillage.

Mais au moment du départ, alors que Mme Reid escortait les deux petits vers la sortie, le père de Luke lui prit le bras pour le retenir. Alors seulement, il demanda : « Comment ça se passe ? Ta période de probation ? »

Luke hocha la tête. « Plutôt bien. »

Son père lui serra le bras jusqu'à lui faire mal. « Tiens bon, Luke. Tu m'entends ? Ne finis pas comme moi, à gâcher ta vie dans un endroit pareil. Promets-le-moi. »

Luke se tourna pour lui faire face. Son père, cet étranger.

« C'est pas facile », dit-il.

Un chuchotement presque désespéré : « Promets-le-moi ! »

Encore une promesse ? D'abord Jodi, et maintenant son père ? Luke hocha la tête. « Ouais, OK. Je promets. »

Cette réponse parut contenter son père. Il rassembla rapidement ses cartes et ses cadeaux et, tournant le dos à Luke, se joignit à la file de prisonniers silencieux qui attendaient de regagner leurs cellules.

Luke fonça vers la sortie pour rattraper sa mère et ses frère et sœur. Les larmes lui montaient aux yeux. Il se sentait soudain follement, formidablement, incroyablement heureux. Car, derrière lui, il ne restait rien sur la table basse.

Ni chocolat. Ni cigarettes. Ni sachet de graines.

13

L'effet positif de la visite se prolongea pendant plus de trois semaines. Luke n'éprouvait pas seulement de meilleurs sentiments vis-à-vis de son père ; d'autres aspects de sa vie semblaient également se teinter de couleurs.

D'abord, il y avait Jodi. Luke avait sans doute bien fait de lui parler de Lee Young et Mig Russell. Elle ne les avait pas mentionnés depuis.

Et puis, de manière générale, il commençait à se sentir plus à l'aise avec son travail. Il avait participé à deux soirées de l'AAA, où il se rendait utile en servant des boissons, par exemple. S'entendre dire merci juste pour une tasse de thé et un biscuit avait quelque chose d'étrangement agréable.

L'autre bonne surprise était venue de Mme Webb. Cela se passait à la bibliothèque municipale, au cours d'une réunion mensuelle à laquelle participait Jodi. Mme Webb l'avait amenée en bus en fin d'après-midi. Avec Annie, l'une des bibliothécaires, les membres du groupe avaient passé une heure à discuter des livres en braille qu'ils avaient lus ou des livres audio qu'ils avaient entendus. Luke, qui était à nouveau de service pour les rafraîchissements, fut pris au dépourvu quand Annie, pour le faire participer, lui demanda ce qu'il avait lu récemment.

« Euh… Pas grand-chose. Pas vraiment… »

Mme Webb vint à son secours en arguant qu'il était temps de préparer l'apéritif. Tandis qu'ils rassemblaient les verres et les assiettes dans la petite cuisine de la bibliothèque, un silence gênant s'installa. Luke aurait voulu dire quelque chose – n'importe quoi. Mais tout ce qui lui venait à l'esprit, c'était : *Merci. La dernière chose que j'ai lue, c'est une brochure sur les tribunaux pour enfants distribuée par les flics*. Heureusement, Mme Webb le devança.

« Je voulais te remercier, dit-elle doucement.

– De quoi ?

– D'aider Jodi. »

Faut dire que j'avais pas vraiment le choix, pensa Luke. Puis il eut mauvaise conscience. « Y a pas de quoi », fit-il en haussant les épaules.

Tout en empilant des verres sur un plateau, Mme Webb reprit : « Elle a dû te dire à quel point elle me trouvait mère poule. »

Luke sourit d'un air contrit. « Les mères sont là pour ça, non ? Pour vous dire des trucs et se faire du souci pour vous. »

Mme Webb sourit à son tour. « C'est vrai. Mais parfois on peut… eh bien, en faire un peu trop. »

Puis, sans rien ajouter, elle avait tendu le plateau à Luke et quitté la pièce derrière lui.

Oui, certaines choses avaient bel et bien changé…

Luke se glissa hors de son lit. De l'autre côté de leur minuscule chambre, son frère Billy dormait en suçant son pouce. Le pouce resta bien en place tandis que Luke s'habillait, et Billy le suçait toujours quand son frère ferma doucement la porte de l'appartement derrière lui.

Luke parcourut sans bruit la galerie extérieure. Il était six heures et demie et il faisait encore nuit. La semaine précédente, à son grand embarras, il commençait à faire clair dès cette heure-ci ; mais le passage à l'heure d'été avait remis les choses en place. Ça ne l'avait pas empêché de revêtir sa tenue la plus sombre – sweat-shirt bleu marine et jean noir.

Il ne tenait pas particulièrement à attirer l'attention. D'abord parce qu'il n'avait pas envie de se faire arrêter par l'Excité et le Dégoûté, ou un autre gang du même genre, et de répondre à trente-six questions sur ce qu'il faisait là. Mais, surtout, parce qu'il était encore un peu gêné. Il n'arrivait pas à croire que c'était bien lui, Luke Reid, qui se levait si tôt le matin pour aller courir.

Il avait commencé le lendemain de sa visite à la prison, inspiré par les bonnes résolutions de son père – et par le souvenir du jour où Jodi lui avait évité *in extremis* de s'effondrer sur la piste.

Ce jour-là, ils n'avaient couru qu'un kilomètre et demi. Le mini-marathon avait lieu dans moins d'un mois, et le parcours faisait plus du double !

Le parcours… C'était un autre problème. Ils allaient devoir courir dans des rues toutes cabossées, et non plus sur une piste bien lisse. Il fallait donc s'habituer au terrain et repérer les dangers qui pouvaient menacer Jodi. Bien sûr, M. Webb ne s'était pas privé de rebattre les oreilles de Luke avec ça.

« La semaine prochaine, vous irez courir à l'extérieur, Reid, l'avait-il averti à la dernière séance. Tu penses peut-être que tu t'en sors bien, mais je te préviens, c'est une autre affaire de courir sur route. Il faut être vigilant à cent dix pour cent. »

Jodi avait tenté de positiver. « Tu entends ça ? avait-elle dit quand ils s'étaient retrouvés seuls. Il pense que tu t'en sors bien.

– Faux, avait rétorqué Luke. Il pense que *je* pense que je m'en sors bien.

– Mais non, andouille ! Il n'aurait rien dit dans ce cas ! »

Elle avait peut-être raison. Mais, désormais, Luke se fichait de ce que M. Webb pensait de lui.

Il voulait réussir pour lui-même, pour Jodi… et, curieusement, pour son propre père. Si son père pouvait changer de vie, s'il pouvait rentrer dans le droit chemin, alors Luke le pouvait aussi. Il n'avait plus rien volé depuis sa dernière visite à la prison.

Il démarra de Foxglove House et referma la porte en métal rouillé le plus doucement possible. Puis il consulta sa montre et commença à courir.

Il partit à une allure tranquille, régulière, comme Jodi aimait à le faire. Il courait au bord de la chaussée, pas sur le trottoir : c'était plus réaliste et, d'ailleurs, les chaussées d'East Med étaient en meilleur état que ses trottoirs, fissurés et pleins de mauvaises herbes.

Il avait élaboré son parcours en étudiant un plan du quartier. Il courait d'abord jusqu'à la Tamise, à l'extrémité sud de la cité. De là, il n'avait plus qu'à franchir un petit terrain vague, et il se retrouvait sur la voie de service que les camions empruntaient pour accéder au Riverside Centre. Le gros des livraisons n'aurait lieu qu'une heure plus tard : pour l'instant, tout était tranquille. De plus, le parcours représentait à peu près la bonne distance – environ quatre kilomètres et demi aller et retour.

Était-ce le jour ?

La question surgit aussitôt dans son esprit. Il tenta de la chasser, de chasser la tension qu'elle provoquait en lui, mais c'était impossible.

Était-ce le jour ? Le jour où il passerait sous la barre des vingt minutes ?

Il n'y était encore jamais parvenu. Il avait fait des progrès, bien sûr. Il était, et de loin, plus rapide qu'au début. Avec Jodi, leur temps sur mille six cents mètres s'était amélioré progressivement. D'ailleurs, M. Webb n'avait rien trouvé à redire là-dessus récemment ! Mais ils n'avaient pas encore essayé de couvrir toute la distance à plein régime. Comme son père n'avait pas manqué de le souligner, le record de Jodi était de vingt minutes. Et c'était le record que Luke voulait battre, le record qu'il *devait* battre s'il ne voulait pas la ralentir pendant le marathon.

Était-ce le jour ?

Il avait atteint le terrain vague. Un grand panneau annonçait la construction de maisons neuves – quelques taches de couleur en plus sur le puzzle, un nouveau départ pour un petit nombre de veinards.

Luke se concentrait sur ses pieds pour éviter les briques et les gravats. Une fois sur la voie de service, il allongea la foulée.

Une voiture isolée passa de l'autre côté de la route, phares allumés. Le conducteur lui jeta un coup d'œil et secoua la tête, l'air de penser qu'il fallait être fou pour faire son jogging à une heure pareille.

Luke faillit le saluer de la main. Il n'était pas fou. Avec la douce brise qui gonflait son sweat-shirt et lui caressait le visage, il se sentait plutôt libre et vivant. Même les odeurs infectes qui s'élevaient du fleuve lui paraissaient étrangement suaves.

Il poursuivit son chemin. Il courait et respirait régulièrement, sans à-coups, enregistrant mentalement les points de repère devant lesquels il passait : le réverbère à la lumière vacillante ; le frigo abandonné sur le bord de la route ; l'énorme tache sombre qui maculait la chaussée (sans doute un camion qui avait perdu son chargement de pots de peinture) ; une benne à béton oubliée là par Dieu sait qui.

Bientôt – bien plus tôt qu'il ne s'y attendait – il atteignit le point où la voie de service s'incurvait vers Riverside. Il avait parcouru la moitié du trajet, et en un peu moins de dix minutes ! Il fit demi-tour, refusant de laisser cette pensée le distraire de son rythme.

Les points de repère se mirent à défiler en sens inverse. Au niveau de la benne à béton, Luke courait toujours bien. Au niveau de la tache de peinture, il commençait à ressentir une douleur sourde dans les jambes. Au niveau du frigo, il maîtrisait toujours sa course, mais respirait plus laborieusement.

Alors, cent mètres au plus avant le réverbère défectueux, le scénario habituel se reproduisit : la fatigue le terrassa d'un coup. Il avait l'impression que son corps tout entier le lâchait. Et son cerveau (qui, lui, avait encore de l'énergie à revendre) en profitait pour lui jouer ses tours habituels.

Pourquoi faisait-il ça ? Quel intérêt ? Arrête-toi, Luke ! Si tu t'arrêtes maintenant, la torture cessera. Arrête, arrête, arrête…

Jusqu'ici, il avait toujours obéi : il s'était arrêté, plié en deux, et avait attendu que la douleur s'éloigne, seconde après seconde, avec chaque battement de cœur. Mais pas cette fois. Cette fois, il tint bon : il serra les dents et se força à faire abstraction de cette voix enjôleuse.

Il avait dépassé le réverbère. Le terrain vague était en vue. Foxglove House n'était plus très loin après ça. Il continua tant bien que mal. Ses jambes semblaient ne plus appartenir à son corps : elles couraient mécaniquement, comme deux automates programmés pour rentrer à la maison. Et à présent, à chaque foulée, son esprit luttait aussi, résistant avec une détermination qu'il ne se connaissait pas jusqu'alors.

Ne lâche pas ! se disait-il. Continue ! Tiens bon, comme tu l'as promis à ton père !

Le terrain vague faillit l'achever. La vue brouillée par l'effort, il ne vit pas un moellon qui dépassait du sol. Il trébucha, perdit l'équilibre et atterrit à quatre pattes – mais, par miracle, il ne s'arrêta pas. Il continua à ramper bizarrement à la manière d'un crabe, s'écorchant au passage les deux genoux, et parvint à se redresser sans interrompre sa course.

Enfin, le terrain vague fut derrière lui. Les pavés fissurés de la rue qui conduisait à Foxglove House lui parurent doux comme de la soie. Il ne pensait plus à ses poumons douloureux. Les voix maléfiques s'étaient tues. La ligne d'arrivée était en vue.

Il se rua vers l'avant, à peine conscient de ce qu'il était en train de faire ; il savait juste que, désormais, il faudrait au moins un mur de briques pour l'arrêter. Trente mètres, vingt, dix… Ça y était. Il se jeta contre la porte tachée de rouille de Foxglove House et, les yeux pleins de larmes, consulta sa montre. Dix-neuf minutes et cinquante-trois secondes.

Haletant, les jambes en feu, il se tourna dos à la porte et se laissa glisser jusqu'au sol. East Med valsait devant ses yeux. Tout était flou, même le graff sur le mur en face de lui : *Mort aux mouchards*.

Il y était arrivé ! Et, s'il y était arrivé une fois, il pouvait recommencer. Il ferait honneur à Jodi.

Il y croyait dur comme fer.

14

« Quatre semaines de suite, Luke ? demanda M. Harmer d'un ton acerbe. Il va falloir que je songe à te présenter à un prix d'assiduité… »

Luke s'assit sans bruit et attendit la pique suivante. Harmer ne se contentait jamais d'une seule.

« Sans parler du prix de la meilleure progression. Je veux dire, quatre semaines de présence d'affilée – si tu ne fais pas attention, tu vas finir par apprendre quelque chose ! »

Luke ne répondit pas. Harmer était peut-être sarcastique, mais il n'avait pas tout à fait tort.

Son assiduité, ces derniers temps, tenait véritablement du record. Sa conduite aussi, d'ailleurs. C'était un phénomène étrange. Ses joggings matinaux, surtout depuis qu'il était passé sous la barre des vingt minutes, le détendaient, et il supportait mieux de rester assis en classe toute la journée. Il s'était même mis à écouter davantage, songeant qu'il aimerait bien avoir quelque chose à répondre la prochaine fois qu'un membre du groupe de discussion de Jodi l'interrogerait sur ses lectures.

Et, quand l'ennui le gagnait quand même, il s'était aperçu qu'il pouvait agréablement passer le temps en rêvant au jour où il guiderait Jodi dans les rues de Londres.

C'est d'ailleurs ainsi qu'il occupa le cours, ne remuant que pour repousser le lourd sac à dos de Terry Fisher, son voisin de table retardataire, qui l'avait laissé tomber sur son pied. Vingt minutes plus tard, il dut à nouveau déplacer le sac, cette fois pour se joindre au sous-groupe d'élèves qui, contrairement à ce crack de Fisher, migraient vers le bâtiment de maths pour y subir deux heures de torture à la calculatrice.

En sortant du cours de soutien, Luke trouva M. Harmer qui l'attendait dans le couloir.

« Le portable de Fisher, aboya le prof principal. Où est-il ? »

Luke, l'esprit encore embrumé par les maths, ne saisit pas tout de suite. « Son quoi ?

– Son téléphone portable. C'est contraire au règlement, je sais, mais Fisher apporte le sien en classe. Aussi incroyable que ça puisse paraître, il s'est dégoté une petite amie dans un autre établissement et passe les cours à rêver du moment où il pourra s'éclipser pour l'appeler. Ce matin, il regarde dans son sac et devine quoi ? Plus de portable.

– Et alors ? Qu'est-ce que j'ai à voir avec ça ?

– D'après Fisher, tu es la dernière personne à avoir touché son sac.

– Ouais, pour l'empêcher de m'écraser le pied ! Je l'ai juste poussé sur le côté.

– C'est tout ?

– Oui ! »

Harmer se raidit des pieds à la tête. Il approcha son visage et chuchota, de façon que seul Luke puisse l'entendre : « Tu sais ce qui m'exaspère, Luke, dans ce pays ? C'est qu'on donne leur chance à des gens qui ne le méritent pas. Des gens comme toi.

– Pourquoi moi ? » Luke était en colère maintenant.

« Parce que tu es un voleur. Tu voles et tu te fais prendre et tu re-voles et tu te re-fais prendre, mais personne n'est assez sensé pour te punir. Te punir réellement. T'enfermer dans un endroit où tu ne pourrais plus nuire. Mais non : on te laisse cavaler tranquille. Libre comme l'air. »

Luke voulut partir, mais Harmer lui barrait la route, et le souvenir de toutes les insolences et de tous les chahuts qu'il avait essuyés alimentait sa rage. « Je traverse East Med en voiture tous les matins. Je t'ai vu courir. Eh bien profites-en, petit saligaud, parce que ça ne durera pas. Un jour, tu te feras coffrer. »

Il se redressa et se remit à parler normalement afin d'être entendu des élèves qui défilaient dans le couloir.

« Donc tu m'affirmes que tu ne sais pas où se trouve le portable de Terry, c'est bien ça, Luke ? Ce n'est pas toi qui l'as volé ?

– Non !

– Bon, dit Harmer. Je te crois, bien sûr. Et Mme le Proviseur te croira aussi, j'en suis certain, quand tu lui livreras ta version de l'histoire. Jusque-là… Quarantaine ! ordonna-t-il brusquement.

– Hein ? Pourquoi ?

– Parce que je te le dis. Ça te pose un problème ?

– Ouais ! J'ai rien fait !

– C'est ça, fit sèchement Harmer, et moi je suis la reine de Belgique. Ouste ! »

Luke cessa de discuter. Ça ne servait à rien. Il pivota sur lui-même, parcourut le couloir en trombe et s'engagea dans l'escalier.

La salle de quarantaine se trouvait au rez-de-chaussée. C'était une pièce spéciale, surveillée par un professeur de garde et destinée à isoler les mauvais sujets. Les élèves renvoyés d'un cours allaient y subir une engueulade rituelle ; ensuite, selon les cas, ils retournaient en classe en rigolant, passaient un peu de temps en quarantaine ou – seulement en dernier ressort, prétendait l'établissement – attendaient que soient accomplies les formalités d'exclusion.

Avant même d'atteidre le bas des marches, Luke avait écarté ces trois possibilités et imaginé une solution alternative. Il ne saurait pas, cet après-midi-là, que le portable disparu de Terry Fisher avait été retrouvé dans les toilettes, d'où celui-ci avait téléphoné de bon matin à sa blonde (juste-pour-vérifier-que-tu-es-bien-arrivée-au-lycée-chérie), oubliant, dans sa stupeur amoureuse, qu'il avait coincé l'appareil derrière la cuvette pendant qu'il terminait son affaire. Non, quand le portable et son propriétaire se trouveraient réunis, Luke serait déjà loin.

Au lieu de bifurquer vers la salle de quarantaine, il prit la direction opposée et s'enfonça dans la zone réservée aux casiers des élèves. On avait réaménagé cette partie du lycée deux ans plus tôt, après l'avoir longtemps utilisée comme entrée secondaire. La porte qui se trouvait tout au bout, dissimulée par les casiers, n'avait été ni barrée ni condamnée : elle était juste fermée. On pouvait facilement l'ouvrir avec une clé… ou un outil équivalent.

On l'appelait le Rabatteur, le Chasseur d'absents, l'Empêcheur de sécher en rond. Son titre exact, Luke ne le connaissait pas. Agent de liaison de l'arrondissement de Thames Reaches en charge de l'assiduité scolaire, ou un truc tout aussi imbitable. Ça n'avait pas d'importance. Ce qui comptait, c'était que les gamins qu'il était censé attraper connaissaient tous, en gros, son emploi du temps.

Vers 9 h 30, il patrouillait dans les cités pour intercepter les lève-tard.

Entre 11 h 30 et 12 h 30, il était au Riverside Centre pour choper les voleurs à l'étalage.

De 13 h à 14 h, pause déjeuner.

De 14 h à 15 h, retour dans les cités pour surprendre les tire-au-flanc de l'après-midi.

Après quoi, il rejoignait son QG, situé Dieu sait où, pour remplir ses formulaires et écrire ses rapports.

Luke s'arrêta derrière un rideau d'arbres chétifs qui faisait utilement écran entre lui et le lycée. Il consulta sa montre. Presque midi. Il pouvait aller à Riverside. Le temps qu'il arrive, le Rabatteur aurait pris sa pause et serait en train de mordre dans son sandwich au jambon. Luke ôta le sweat-shirt du lycée et le fourra dans son sac à dos. Autant ne pas montrer à tout le monde qu'il était censé être en classe. Puis il chargea le sac sur ses épaules et se mit à courir.

Ce fut comme une pilule miracle. À mesure qu'il prenait son rythme, sa colère envers Harmer s'évaporait. À chaque foulée, il sentait son moral remonter. Le soleil perça à travers le rideau de nuages gris, projetant son ombre sur le sol. Luke accéléra et regarda ses bras pomper l'air frénétiquement, comme pour évacuer le poison qu'il avait en lui.

Finalement, il ralentit, ne serait-ce que parce qu'il approchait d'une rue à traverser. C'est alors que la voiture l'arrêta. Arrivant sur la droite, elle fit une embardée et freina bruyamment devant lui. Le passager se pencha au-dehors et désigna la portière arrière.

« Pourquoi tu cours, Lukey ? demanda Mig Russell avec un sourire. Y a que les imbéciles qui courent. Monte, on va t'emmener. »

Luke hésita – pas longtemps, mais assez pour que le sourire de Russell s'évanouisse. « Monte », répéta-t-il. Cette fois, c'était un ordre.

Luke ouvrit la portière et se glissa sur la banquette arrière. Une lourde odeur de cuir l'assaillit : la voiture était neuve. Assis au volant, Lee Young jeta un coup d'œil par-dessus son épaule et, comme s'il lisait dans les pensées de Luke :

« Jolie bagnole, hein ? On vient de la trouver à la gare. Vitre baissée, t'y crois ? Un vrai bonheur. Le proprio ne s'apercevra de rien avant de rentrer par le prochain train. Mais, à ce moment-là, elle sera gentiment planquée à attendre son *nouveau* propriétaire. »

Il accéléra à fond, faisant ronfler le moteur. Mig Russell (lunettes de soleil remontées sur le crâne et cheveux luisants de gel) se pencha par-dessus le dossier de son siège.

« Sympa de tomber sur toi comme ça, Lukey. Ça évite de te courir après. Parce qu'on a une petite proposition à te faire.

– On aimerait utiliser tes talents, dit Young.

– Tes talents de crocheteur de serrures, précisa Russell.

– Je t'avais dit qu'on se reverrait, tu te rappelles ?

– Et Lee tient toujours ses promesses. »

Ils ne dirent rien de plus pendant le trajet. Quelques instants plus tard, Young prit un virage et s'arrêta brusquement. Luke jeta un coup d'œil autour d'eux. Ils se trouvaient derrière une galerie marchande autrefois animée, mais que le vandalisme et les attraits de Riverside avaient vidée de sa clientèle. Presque toutes les boutiques étaient fermées, leurs portes condamnées à l'aide de planches. Ce n'était pas le cas des garages qui se trouvaient à l'arrière : visiblement, ils étaient toujours utilisés, et Luke aurait parié que l'un d'entre eux servait à relooker les voitures volées.

Si c'était le cas, il ne saurait jamais lequel : Young l'avait amené pour parler affaires, pas pour lui offrir une visite guidée. Il coupa le contact et se tourna vers Luke.

« Eh, prends pas cet air inquiet. C'est un boulot en béton. Aucun danger. Juste une barrière et une petite porte. »

Luke sentit la sueur dégouliner sous sa chemise. « P… Pourquoi vous les forcez pas ?

– Parce que c'est un boulot du dimanche. Si on ne laisse pas de traces, on a vingt-quatre heures pour disparaître tranquillement.

– Tu seras pas obligé de rester tout du long, Lukey, fit Russell avec un sourire narquois. Si t'es une poule mouillée, tu nous ouvres et tu t'envoles ! » Son jeu de mots le fit pouffer.

Luke avait la bouche sèche. Il ne savait pas quoi dire. Une demi-heure plus tôt, après s'être fait engueuler par Harmer, il aurait accepté avec empressement. Un coup avec Lee Young et Mig Russell ? La classe ! Fonce !

Mais, maintenant que la course avait évacué le poison de son cerveau, il avait les idées plus claires – de même que la prison, ces derniers mois, avait éclairci les idées de son père. Il ne voulait pas participer. Le problème, c'était qu'il ne voyait aucun moyen sûr de refuser. Il s'efforça donc de gagner du temps.

« Les flics ont dit qu'ils m'avaient à l'œil. Si je vous aidais, ils vous repéreraient aussi. »

Young secoua la tête. « Ils verront rien. Pas sur ce coup-là.

– Ils auront la tête ailleurs, pas vrai ? fit Russell.

– Ouais. Trop occupés à contrôler la foule. »

Luke ne suivait plus. Malgré lui, il demanda : « Comment ça ? C'est quoi, le coup ? »

Les deux autres échangèrent un regard, puis Young haussa les épaules, l'air de dire : Il est OK. Il ne nous balancera pas. Il sait qu'il serait un homme mort.

« Une voiture, lâcha-t-il finalement. Une Porsche. Top. Elle vaut cent mille livres. Un type que je connais a un acheteur tout prêt. Et il aura sa Porsche, parce que le proprio est un con fini. Une bagnole pareille, il la laisse dans un simple box. OK, il y a une méchante grille en fer devant, mais elle est juste fermée par un gros cadenas.

– Plus gros que le cerveau du proprio, ricana Russell. Donc voilà ton petit challenge, Lukey. Le cadenas et la porte du box. On s'occupe du reste.

– Et pendant ce temps-là, les flics regarderont la foule qui regardera les bouffons qui participent au marathon. »

Pour Luke, ce fut comme un coup dans l'estomac. « Le marathon ? demanda-t-il – mais il connaissait la réponse. Tu veux dire le marathon de Londres ?

– T'as tout pigé, fit Young. Londres. En plein centre. Où tu pensais trouver une bagnole pareille ? T'en connais beaucoup par ici, des richards avec des Porsche ? »

Russell s'empressa d'ajouter des détails, comme s'il ramassait les balles de Young : « Le type qu'on connaît nous a filé des infos. Le deuxième week-end du mois, le gros richard prend l'avion pour sa propriété dans le Sud de la France. Il laisse sa bagnole derrière lui. Alors on a fait quelques petits repérages, tu vois. Quelques petits calculs. Le box n'est pas loin de l'endroit où passe la course. Les flics auront tous le dos tourné.

– En même temps, il n'est pas juste sur le parcours, donc on pourra se tirer tranquillement, sans être emmerdés par des rues barrées. Et, grâce à toi, pas besoin de fracturer les serrures : jusqu'au retour de notre ami lundi matin, personne ne verra rien.

– Je ne peux pas vous aider. »

Les mots semblaient venir d'ailleurs, mais Luke savait bien que c'était lui qui avait parlé.

Sinon, pourquoi Young et Russell le regarderaient-ils si bizarrement ?

« Je… Je dois courir. Dans ce marathon. Avec Jodi. La fille que vous avez vue l'autre jour.

– Alors va falloir t'excuser auprès de ta nana, mon pote. » Le ton de Young était glacial. « Le boulot doit être fait ce jour-là et pas un autre. Vu ?

– Non, c'est… Écoutez… Elle est aveugle. Vous comprenez ? Elle est aveugle. »

Russell éclata de rire. « Ah ouais ? Sacré Lukey ! C'est pour ça qu'elle s'accrochait à toi ? Et moi qui croyais que c'était de l'amour ! »

Luke ignora la vanne. « Je suis son guide, Lee. Sans moi, elle ne courra pas.

– Alors elle ne courra pas, rétorqua Young. Parce que tu ne seras pas avec elle. Tu seras avec nous.

– Mais ça fait partie de mon service. Si je ne cours pas, on me coffre.

– Pas de veine, fit Russell, réagissant pour une fois le premier.

– Mig, s'il te plaît, dit Young avec un petit sourire. Sois un peu coopératif. Voilà ce que tu vas faire, petit : tu vas lui raconter un bobard. Lui dire que tu t'es fait mal au gros orteil, un truc comme ça.

– Je ne peux pas. Elle saura que je mens. Elle devine tout.

– Alors ne mens pas, répliqua Young en haussant les épaules. Sers-lui le truc tel quel. Dis-lui que tu as déjà une sortie prévue avec deux potes – Lee Young et Mig Russell. Tu devrais te sentir flatté. Y a pas mal de gens qui paieraient cher pour pouvoir dire ça.

– Mais je ne peux pas ! Si je donnais vos noms, elle saurait que je suis sur un coup ! »

La phrase lui avait échappé. Aussitôt, Young bondit hors de la voiture et l'arracha à la banquette arrière. Russell, suivant bêtement l'exemple de son chef, fit le tour du véhicule en courant, l'attrapa par la chemise et le plaqua contre la carrosserie.

Young se pencha tout près de son visage. « Et comment elle saurait ça, Luke ? » Il avait déjà dégainé son couteau, avec la rapidité d'un tueur endurci.

« Je… Je ne vois pas ce que tu veux dire, balbutia Luke, tout en sachant que ça ne marcherait pas.

– Tu disais que si tu donnais nos noms, elle comprendrait que tu es sur un coup. Comment elle comprendrait ? Comment elle connaît nos noms ?

– Et comment elle sait qu'on en fait, des coups ? demanda Russell, qui venait de raccrocher le fil. Tu nous as balancés ?

– Non ! Jamais je ferais ça ! Je lui ai juste dit que vous étiez des potes. Le jour où vous m'avez vu avec elle. »

Young était un voyou, mais pas un imbécile. « Continue. Il y a autre chose, pas vrai ? Crache-le ou t'auras bientôt besoin de lunettes noires, toi aussi. »

La lame s'était approchée progressivement ; à présent, elle était si près de l'œil gauche de Luke qu'elle lui brouillait la vue. S'il voulait empêcher Young de continuer, il devait parler.

« C'était la fille du parking ! s'écria-t-il, affolé. La fille que vous n'avez pas vue tout de suite, celle que vous avez failli écraser !

– Pas vue ? » fit Russell avec dédain.

Pour Luke, ce fut une révélation. Ils *l'avaient* vue. Ils lui avaient foncé dessus délibérément…

« Et tu lui as dit que c'était nous, pour la bagnole ? demanda Young, féroce.

– Non ! Jamais je vous balancerais, Lee ! Elle a reconnu vos voix !

– Je ne te crois pas. »

Luke sentit le métal froid toucher sa paupière. « C'est vrai ! hurla-t-il, paniqué. Je te l'ai dit, elle est aveugle ! C'est comme ça qu'elle reconnaît les gens. À leur voix ! »

Le silence ne dura que quelques secondes, mais elles firent l'effet d'une éternité à Luke, qui s'attendait à ressentir une douleur atroce. Quand Young éloigna la lame et recula d'un pas, il faillit tomber à genoux de soulagement.

Mais les grosses pattes de Russell le maintenaient toujours en place. « Dis donc, Lee… Ça veut pas dire que la fille pourrait nous pincer ? Tu sais, nous reconnaître à une séance d'identification ?

– D'identification vocale, tu veux dire ? » fit Young avec un sourire narquois. Il secoua la tête. « Nan. Même si elle y arrivait, les flics ne pourraient pas s'en servir au tribunal. »

Mais lui-même ne semblait pas totalement rassuré. Soudain, comme ses doutes grandissaient, la lame argentée fendit l'air. « Remarque, peut-être qu'on devrait s'en assurer, hein, Mig ? Lui foutre les chocottes à elle aussi ? »

Luke fut à nouveau pris de panique. « Vous ne pouvez pas faire ça ! Pas à une aveugle !

– Ah bon ? »

Tout était dit. Dans le parking, Young n'avait rien fait pour éviter Jodi. À présent, son petit sourire ne laissait aucun doute à Luke : il n'hésiterait pas à la mutiler sans scrupule.

« Lee, implora-t-il, elle ne dira rien. Elle ne vous balancera pas. Sinon elle l'aurait déjà fait, non ?

– Que tu dis. »

À l'évidence, Young n'était toujours pas convaincu. Luke eut alors recours à un dernier expédient : il fit comme s'il y avait bien plus entre Jodi et lui que la course. « Elle se taira si je lui dis de se taire. »

Mig Russell lui lança un regard entendu. « Parce qu'elle te bouffe dans la main, c'est ça ? »

Puis, avec un rire mauvais : « Quand tu lui dis où est ta main, bien sûr ! »

Luke se força à sourire. « On peut dire ça. »

– J'ai comme l'impression que t'aimerais pas qu'il lui arrive du mal, dit Young. Je me trompe ?

– T'as pas tort. »

Young avait toujours le couteau en main. Il l'approcha à nouveau du visage de Luke… puis, soudain, le referma dans un geste ostentatoire. « OK, petit. On a un deal.

– Un deal ?

– Ouais. Tu viens faire le coup avec nous et on fout la paix à ta chérie aveugle. Ça marche ? »

Luke avait-il le choix ? L'important, c'était de protéger Jodi. Parce qu'il était sincère quand il disait qu'il ne voulait pas qu'il lui arrive de mal. C'était profondément vrai.

Il hocha la tête lentement et répondit dans un souffle : « Ça marche. »

15

« Tout droit, Jodi. »

« Long à droite. »

« Ralentis, sol mauvais devant. »

« Moteur ! »

« Ralentis encore. »

Jodi obéissait au quart de tour. Elle savait exactement où ils étaient : ils arrivaient au passage clouté du bas de Rigby Road, face à « l'aire de récréation » de West Med. Avec son herbe rare et ses terrains de jeux délabrés, le « Rec », comme on l'appelait, ne payait pas de mine, mais il possédait un atout précieux : le sentier goudronné qui en faisait le tour, de qualité à peu près comparable à celle des routes du mini-marathon.

Jodi entendit un léger bruit de freins et le signal sonore invitant les piétons à traverser. Elle sourit, constatant que Luke ne se lançait plus dans de longues explications, mais se contentait d'un « Moteur ! » pour lui dire d'accélérer.

Ça faisait partie du code qu'ils avaient élaboré depuis qu'ils couraient ensemble, soit presque deux mois maintenant. Le temps avait passé à toute allure, et Luke était devenu si bon guide que même M. Webb avait cessé de le critiquer sans arrêt. Ce qui n'était pas peu dire.

Bien sûr, il n'avait jamais été jusqu'à féliciter Luke, mais son attitude avait réellement changé. Pour Jodi, c'était un peu comme le plâtre de son père : au début, il était raide et inflexible, mais, à mesure que la blessure guérissait, il avait fait place à des protections plus souples. Cela dit, au moindre incident de parcours, on en reviendrait vite à la version dure.

« À droite toute ! »

Ils s'engageaient maintenant sur le sentier, laissant derrière eux la puanteur de la poubelle à crottes de chiens et l'indéboulonnable troupe de pigeons qui cherchait des miettes sous les bancs proches de l'entrée. Ils avaient couru un kilomètre et demi pour venir. Après trois tours de Rec, ils auraient fait le double et, en rentrant chez Jodi, ils auraient couvert la bonne distance.

Il faut dire que Luke avait aussi progressé en termes d'endurance. Jodi savait qu'il pouvait maintenant la distancer sans problème, comme tout bon guide devait être capable de le faire. Le jour où elle avait prétexté un point de côté pour lui éviter de perdre la face n'était plus qu'un lointain souvenir.

« Je ne vois pas trop l'intérêt d'avoir un guide qui te ralentit », râlait toujours son père quand elle se plaignait qu'il allait trop vite. Mais les choses étaient différentes à l'époque où elle courait avec lui. Son père cherchait sans cesse à prouver quelque chose, à la forcer à aller plus vite. Luke, lui, semblait deviner que ça viendrait plus facilement si elle s'amusait en même temps.

« Long à gauche. »

Jodi s'engagea progressivement dans la courbe qui, elle le savait, contournait l'unique court de tennis du Rec. Un de ces jours, il faudrait qu'elle propose un match à Luke, juste pour entendre sa réaction ahurie ! Ensuite seulement, elle lui parlerait des balles à grelots que les aveugles utilisaient pour jouer.

Peut-être qu'elle réussirait à convaincre sa mère de venir avec eux. Mme Webb s'était elle aussi beaucoup détendue depuis deux mois. D'après Luke, quand ils avaient quitté la maison, elle leur avait même fait au revoir de la main !

« Redresse. »

Ils approchaient de la fontaine d'eau potable. Un jour, Luke avait refusé d'y boire en prétextant que l'eau était trouble. « Heureusement que je ne la vois pas, alors ! » s'était exclamée Jodi avant de lapper le liquide rafraîchissant.

« Stop ! »

Jodi obéit sans hésiter. Elle faisait maintenant toute confiance à Luke. Mais elle était surprise. En temps normal, quelque chose – un bruit de voiture ou des voix, par exemple – l'aurait avertie du danger. Cette fois, elle n'avait perçu aucun signe avant-coureur. « Qu'est-ce qui se passe ? demanda-t-elle.

– J'ai un problème, dit Luke. On peut s'asseoir ? »

Jodi comprit qu'ils se trouvaient près du banc isolé situé tout au fond du Rec, du côté opposé à l'entrée. Elle prit le coude de Luke pour qu'il l'y conduise. Ils n'avaient que quelques pas à faire, mais cela lui suffit à vérifier que Luke ne boitait pas. Il n'était pas blessé. Et pas fatigué non plus : sa respiration était égale, régulière. Jodi s'assit. Une seconde plus tard, elle sentit le bois ployer légèrement sous le poids de Luke.

« Dis-moi, cette course. Quel est le programme exactement ? »

Jodi ne cacha pas son irritation. « Luke, enfin ! Le marathon est après-demain ! Tu sais très bien quel est le programme. Je ne parle que de ça depuis le début de la semaine.

– Redis-le-moi, OK ? »

Elle détailla donc une fois de plus l'organisation de la journée. « D'après la lettre du chargé d'équipe, on doit tous se retrouver au départ de la course. C'est-à-dire dans Upper Thames Street, face au pont de Southwark. C'est à quelques minutes à pied de la station Mansion House, sur la ligne District, donc c'est direct depuis notre gare à nous. Le mieux, c'est que tu nous retrouves devant…

– Qui ça, vous ?

– Mes parents viennent aussi, bien sûr. Pas les tiens ?

– Non, s'empressa de dire Luke. Ils ont un empêchement. »

Jodi nota le caractère évasif de la réponse et s'en étonna – ce n'était pas la première fois. Mais elle n'insista pas. Elle sentait qu'en l'occurrence, les parents de Luke n'était pas le problème.

« Donc on se retrouve à la gare à neuf heures. Ça devrait nous mettre au départ de la course à dix heures moins le quart au plus tard. Comme ça, on aura tout le temps de se changer et de s'échauffer. Le départ des moins de seize ans n'est qu'à onze heures.

– Onze heures ?

– Oui, onze. Entre dix et douze, ça te dit quelque chose ? » Malgré son ton blagueur, Jodi était inquiète. Il se passait quelque chose. « Donc quel est le problème ? demanda-t-elle doucement.

– Hein ?

– On s'est arrêtés parce que tu as dit que tu avais un problème. Qu'est-ce que c'est ?

– Euh… rien. Un caillou dans ma chaussure. »

Jodi sentit Luke se pencher, ôter l'une de ses baskets, la frapper trop fort contre le banc et la chausser à nouveau. « C'est bon », dit-il quand son petit jeu fut terminé.

Car *c'était* un jeu, elle le savait. Luke s'était levé. Elle lui prit le bras mais, au lieu de le suivre, elle le força à se rasseoir.

« Ferme les yeux, dit-elle d'un ton tranchant.

– Quoi ?

– Ne discute pas. Ferme les yeux. C'est fait ? » Elle chercha à tâtons le visage de Luke et posa les mains sur ses paupières pour vérifier qu'il avait obéi. « Bon. Qu'est-ce que tu entends ?

– Jodi, ce n'est pas le moment…

– Réponds-moi ! »

Surpris par cet accès de colère, Luke s'exécuta. « Je ne sais pas. Des oiseaux. Des voitures. Des gamins qui jouent.

– Je les entends aussi. Et ma voix ?

– Bien sûr que je l'entends.

– Et qu'est-ce qu'elle te dit ? Le son, pas les mots.

– Que tu es fâchée. »

Jodi crut presque l'entendre ajouter : « contre moi ». Elle ôta ses mains du visage de Luke. « Bien. Maintenant, tu as une idée de ce qu'on peut deviner à la voix de quelqu'un, même quand on ne le voit pas. » Elle se tourna vers lui, le fixant avec ces yeux qui ne pouvaient pas le voir. « Et c'est comme ça que je sais que tu mens.

– Hein ?

– Tu n'avais pas de caillou dans ta chaussure. Tu courais mieux que moi. C'est à autre chose que tu pensais. Quoi ?

– Rien. Je te jure.

– Sois sincère avec moi, Luke ! »

Elle sentit qu'il se raidissait, comme si la vérité risquait de leur faire mal, à l'un ou à l'autre.

« J'ai un truc à faire ce jour-là, dit-il finalement. Je… j'ai cru que j'allais devoir me décommander. Te laisser tomber. Mais… Je viens de m'apercevoir que c'était jouable. Tout ira bien. »

Jodi sentit l'atmosphère se détendre. Luke était soulagé. Et il ne mentait pas cette fois. Elle en était presque sûre.

« Tu seras là ? demanda-t-elle. Tu courras avec moi ?

– Ouais, ouais, pas de problème. Simplement… Écoute, je vais devoir te rejoindre directement là-bas. Au départ de la course. D'accord ?

– Pourquoi ?

– Jodi, ne pose pas de questions. Je ne peux pas te le dire. C'est… personnel. Mais je serai là à dix heures et demie, promis. »

Jodi n'insista pas. Elle ne savait pas ce que « personnel » signifiait, mais ce qu'elle avait *besoin* de savoir, la voix de Luke le lui avait confirmé. Il disait la vérité. Tout irait bien. Elle sourit et se leva d'un bond.

« Super ! Alors qu'est-ce qu'on attend ? Allez, le guide ! On a encore deux tours à faire ! »

En rentrant chez lui, Luke sortit le mini guide des rues de Londres de sa mère. Celui-ci s'ouvrit automatiquement sur le quartier de la prison de Wormwood Scrubs. Luke retourna fébrilement à l'index, le consulta et alla à la bonne page. Non, il ne s'était pas trompé. Il *pouvait* y arriver.

Lee Young s'était bien gardé de lui indiquer l'endroit précis où ils devaient faire le coup. Il avait juste dit que c'était à Westminster. Et qu'ils devaient agir entre neuf heures et demie et dix heures, au moment où la foule s'amassait et accaparait l'attention des flics.

Donc dix heures au plus tard, se dit Luke. Il viendrait vite à bout de ces deux serrures et, dès qu'il aurait terminé, il pourrait « s'envoler », selon le mot de Russell. Il aurait juste le temps de sauter dans un métro pour être au départ de la course à dix heures et demie.

C'était serré, mais qu'y pouvait-il ?

Il n'avait pas le choix.

16

Le métro aborda poussivement la station Embankment. Sur le quai d'en face, Luke aperçut un serveur en tenue complète, avec une bouteille fixée à son plateau, et un gorille portant sa tête velue sous son bras. Tous deux avaient des numéros épinglés sur leurs costumes – signe indubitable qu'ils étaient des athlètes en route pour Greenwich Park, au sud-est de Londres, d'où partait le grand marathon.

Courir plus de quarante kilomètres devait déjà être pénible, mais déguisé en gorille ! Luke n'en revenait pas.

Cet étrange spectacle le divertit un instant, mais un instant seulement. La tension resurgit presque aussitôt. Jamais il ne s'était senti aussi nerveux avant un coup. Sans doute le fait d'avoir si peu de temps pour rejoindre Jodi ensuite, se dit-il. Il regarda à nouveau le gorille et le serveur, mais cela ne lui fut d'aucun secours. À la vue de leurs numéros de coureurs, il fut même pris de panique : avait-il toujours le sien ? Il avait enfilé sa tenue de course sous son blouson et son jean, précaution élémentaire pour le cas où il serait en retard au départ de la course. Il baissa la fermeture éclair de son blouson, découvrant le T-shirt orange vif que Jodi lui avait donné la veille, à leur dernière séance d'entraînement.

« Jodi, ce truc est monstrueux ! s'était-il écrié.

– Je vais être obligée de te croire sur parole, Luke ! » avait-elle répliqué gaiement.

M. Webb était intervenu, le visage sévère. « Tous les coureurs d'équipe en portent un.

– C'est quoi, le grand A au dos ? » avait demandé Luke en retournant le maillot. Il craignait un peu la réponse.

« Le A de « Arrondissement ». Les gens qui courent pour un comté ont un « C ». Tu en auras peut-être un l'an prochain, Jodi… »

M. Webb avait alors tendu à Luke un numéro en papier blanc. « Il faudra épingler ça devant. Ne le perds pas. Ils ne te laisseront pas courir sans. »

Tandis que la rame redémarrait en grinçant, Luke vérifia donc pour la énième fois qu'il n'avait pas perdu son numéro. 4127. Tout allait bien.

En levant les yeux, il s'aperçut que Lee Young et Mig Russell le regardaient en riant. Vautrés sur leurs sièges un peu plus loin dans le wagon, ils mimaient une course avec leurs bras. Young articula silencieusement : « Et le gagnant est… le numéro 4127 ! »

Ils frétillaient, tout excités par le beau coup qu'ils s'apprêtaient à faire. Ils n'étaient plus qu'à une station de leur destination.

Luke détourna le regard et consulta sa montre. Neuf heures dix. Jodi devait être en route à présent.

À la gare, il avait eu un instant de panique à l'idée que M. Webb avait peut-être décidé de partir plus tôt que prévu. S'ils s'étaient rencontrés sur le quai, ç'aurait été la catastrophe, à coup sûr. Mais tout s'était bien passé. Luke, Young et Russell avaient eu leur train presque aussitôt et étaient maintenant en avance sur leur planning. Ce qui, bien sûr, n'était pas pour déplaire à Luke : plus tôt ils auraient terminé, mieux ça vaudrait.

La rame s'arrêta en soupirant et les portes s'ouvrirent. Westminster. Leur arrêt. Les trois lascars descendirent, empruntèrent l'escalator, franchirent les portillons et débouchèrent à la lumière pâle du soleil, devant le spectacle impressionnant du Parlement de Londres. Dans deux heures, Luke repasserait par ici avec les autres coureurs.

Ils tournèrent à droite et empruntèrent Bridge Street jusqu'à Parliament Square – deux cents mètres maximum, qui parurent bien plus à Luke tant il était tendu. Visiblement Lee Young ne partageait pas son inquiétude. Il était cool, il fallait bien lui reconnaître ça. Les mains dans les poches, il marchait le plus tranquillement du monde, et il ne broncha pas quand Mig Russell chuchota : « Putain, t'as vu tous ces flics ! »

Il se contenta de hausser les épaules. « On dirait des abeilles, non ? Ils s'agitent à peu près autant. Avec tout ce bazar, ils ne nous repéreront jamais. »

Luke l'espérait. De fait, personne ne fit attention à eux tandis qu'ils longeaient Parliament Square et entraient dans l'ombre de l'abbaye de Westminster. Chez eux, la simple vue de trois adolescents en vadrouille aurait suffi à déclencher une alerte rouge. Mais ici, aujourd'hui, les regards semblaient glisser sur eux. Bien sûr, l'affluence de curieux et de touristes les aidait à passer inaperçus, mais surtout, Lee Young avait vu juste : les flics avaient la tête ailleurs.

Laissant l'abbaye derrière eux, ils empruntèrent Victoria Street. Young continuait à regarder autour de lui comme un badaud absorbé par le spectacle. Mais il ne perdait évidemment pas le nord. « Par ici », dit-il à Luke d'une voix dure avant de tourner à gauche dans Strutton Ground.

Ils commencèrent à descendre la petite rue pavée. Luke avait l'impression de pénétrer dans un autre monde, un monde de calme, de trottoirs gris et de bureaux fermés pour le week-end. Au bout d'une douzaine de pas, ils s'arrêtèrent à l'angle d'une nouvelle rue. Old Pye Street.

Ils s'y engagèrent lentement. Ici, les bâtiments étaient différents : un mélange de pierre noircie et de brique rouge, d'ancien et de nouveau ; des immeubles résidentiels groupés autour de cours intérieures. Tous étaient protégés par des barrières ou des clôtures. Certains avaient des garages au rez-de-chaussée. Young s'arrêta à nouveau et désigna un box un peu plus bas dans la rue.

« Là-bas, Luke. Tu le vois ? »

Difficile de ne pas le voir. La grille en fer qui protégeait le box était fermée par un cadenas si gros qu'il n'aurait pas paru déplacé dans un donjon médiéval.

« Vas-y, grogna Russell. Fais signe quand tu seras à l'intérieur.

– Quoi ? Vous ne venez pas ?

– On reste ici pour surveiller, dit Young. Au moindre problème, on te siffle, OK ? »

Luke hocha la tête. De toute façon, il travaillerait plus vite s'il était seul. Tout en se dirigeant d'un bon pas vers la grille, il consulta sa montre. Neuf heures trente-cinq. Ils avaient mis vingt minutes à venir du métro, mais ils marchaient lentement. Le retour ne devrait pas lui prendre plus de cinq minutes.

Le cadenas était vieux, mais en bon état : visiblement, on l'avait entretenu et lubrifié régulièrement. Cela tranquillisa un peu Luke. Les serrures rouillées et rigides réclamaient autant de force que d'habileté.

Néanmoins, le boulot n'allait pas être simple. La fine lame avec laquelle il aimait travailler – et dont il aurait besoin pour la serrure bien plus petite qu'il voyait derrière la grille, sur la porte basculante du box – ne lui serait d'aucune utilité pour le cadenas. Autant essayer d'attaquer un mur à coups de crayon.

Non : pour ce boulot, Luke avait apporté un gros clou qu'il avait limé et martelé pour lui donner la forme souhaitée. Il l'introduisit dans le cadenas, ferma les yeux et se mit au travail.

Tu la vois ? Tu la sens ?

Luke tenait le clou à deux doigts et utilisait son majeur pour lui appliquer de la pression. Il fouilla nerveusement la serrure en essayant de comprendre comment elle était agencée.

Du calme !

Il fit doucement jouer le clou de haut en bas pour tester la résistance des goupilles. L'une d'entre elles céda avec un petit clic. Puis une autre… Y était-il ?

Oui, sans doute. Il tourna le clou fermement, s'attendant à porter le coup de grâce à la serrure et à voir le cadenas s'ouvrir d'un coup.

L'arceau métallique ne bougea pas.

Des gouttes de sueur perlaient sur le front de Luke. L'une d'entre elles se mit à couler le long de son nez. Il l'essuya rapidement.

Détends-toi !

Il fallait qu'il arrive à se décontracter. Il n'avait pas perdu la main. Il était juste trop tendu. Trop tendu depuis le début de la matinée. C'était cette course. Rien d'autre…

Mais il y *avait* autre chose. Il n'avait pas envie d'être ici, pas envie de faire ce boulot.

L'attrait du vol, l'excitation qu'il lui procurait avaient disparu. En cet instant, Luke comprit qu'en l'espace de deux mois, son plaisir de voler s'était desséché, flétri comme une feuille d'automne. À présent, il n'avait plus qu'une idée en tête : partir d'ici, rejoindre le départ de la course – et Jodi.

« Grouille-toi ! »

C'était Lee Young, qui avait abandonné son poste de guet pour se planter impatiemment dans son dos. Au coin de la rue, Mig Russell inspectait une dernière fois les alentours avant de rejoindre son chef sur les lieux de l'action – ou plutôt de l'inaction.

« OK, OK, siffla Luke entre ses dents. Donne-moi une minute.

– Tu en as déjà eu dix, morveux. Alors grouille-toi. »

Dix minutes ? Luke ne put s'empêcher de consulter sa montre. Neuf heures quarante-huit. S'il ne terminait pas le boulot rapidement, il ne rejoindrait jamais Jodi à temps.

« Je fais ce que je peux ! s'écria-t-il.

– T'as intérêt. » C'était Russell, qui venait d'arriver derrière lui.

« Mig a raison, dit Young. Parce que si tu te fous de nous, tu vas le regretter, et ta bigleuse de petite copine aussi…

– Je ne me fous pas de vous ! »

Luke fit un nouvel essai. Il appuya sa tête contre les barreaux froids pour voir si ça l'aidait. Lentement, il réintroduisit le clou dans le cadenas, tentant d'en faire une extension de ses doigts, tentant de tâter, de palper le mécanisme pour découvrir ses secrets, comme il l'avait toujours fait.

Détends-toi, détends-toi, détends-toi…

Mais jamais ses doigts ne lui avaient paru si lourds et maladroits. Il n'arrivait même pas à les stabiliser – sans parler de les mouvoir assez habilement pour parvenir à ses fins. Désespéré, il força brutalement sur une goupille qui refusait de bouger. Par miracle, c'était juste ce qu'il fallait pour achever le travail : avec un clic étonnamment discret pour un objet aussi gros, le cadenas s'ouvrit.

« C'est pas trop tôt », grommela Russell.

Young était moins enclin à perdre son temps en commentaires. Il ôta vivement le cadenas, le suspendit ailleurs sur la grille et poussa Luke dans la petite cour carrée qui précédait le box. Russell se hâta de les suivre, laissant la grille entrouverte derrière lui.

« Et maintenant l'autre », dit Young en montrant la serrure du box. Lui aussi transpirait à présent. « Plus vite, cette fois. »

Luke n'avait pas besoin qu'on lui dise de se dépêcher. Non seulement chaque seconde aggravait son retard, mais il était à découvert. Young ne l'avait pas prévenu avant de venir : n'importe quel passant pourrait le voir à travers les barreaux. Lui, mais pas eux. Les deux compères étaient bien trop prudents pour ça.

« On attendra ici », dit Young en se glissant dans un coin qui n'était pas visible depuis la rue. Russell le rejoignit.

Luke se tourna vers la serrure. C'était un modèle standard, sans rien d'exceptionnel – le genre de serrure qu'il avait crochetée des dizaines de fois. Il devrait y arriver en un rien de temps.

Ensuite, il ficherait le camp d'ici. Il fourra le gros clou dans sa poche et en sortit la lame fine et souple qui lui avait rendu tant de bons et loyaux services. Il la glissa dans la serrure et, une fois de plus, ferma les yeux pour tenter de visualiser le mécanisme.

Ce fut ce qui le sauva. Brusquement, il se souvint du jour où Jodi lui avait fait fermer les yeux pour le forcer à se concentrer sur les sons. Sans cela, il n'aurait sans doute pas entendu le sifflement qui se rapprochait dans la rue.

Quelqu'un venait vers eux. Il fallait disparaître. Pris de panique, Luke arracha la lame de la serrure et fonça se réfugier dans le coin où Young et Russell s'aplatissaient contre le mur.

Le sifflement était de plus en plus proche. À présent, on distinguait aussi de légers bruits de pas. La personne devait être presque à leur niveau, de l'autre côté du mur. Soudain, les bruits cessèrent.

Luke se raidit. Qui était-ce ? Un homme ou une femme ? La réponse surgit d'elle-même : sans doute un homme. Les femmes sifflaient rarement ; elles chantaient ou fredonnaient.

Mais que faisait l'homme en ce moment ? Regardait-il à travers la grille ? Vérifiait-il les résultats du foot dans le journal du dimanche qu'il venait d'acheter ?

Le bruit de pas reprit, sans sifflement cette fois. Il était plus rapide que tout à l'heure. L'homme courait ou, en tout cas, se dépêchait. Et les pas s'éloignaient, comme s'il avait subitement décidé de rebrousser chemin.

« Parti, dit Young en poussant Luke dans la cour. Retournes-y. »

Luke sortit lentement de leur cachette. Il continuait à échafauder des hypothèses. Qui était ce passant ? Un voisin ? Quelqu'un qui empruntait cette rue régulièrement – tous les dimanches matin, peut-être ? Avait-il pu remarquer quelque chose de différent, quelque chose d'inhabituel ? Quelque chose comme… le cadenas ouvert que Young avait laissé pendre sur la grille !

« Il est parti chercher de l'aide ! » chuchota Luke.

Il fit un pas vers la grille, mais Russell ne le laissa pas continuer : il lui prit le bras et le tordit derrière son dos. Luke gémit de douleur.

« Laissez-moi partir ! »

Russell le poussa vers le box. « Pas avant d'avoir fini ton boulot.

– Mais ils vont arriver. Les flics. J'en suis sûr. »

Young saisit la main droite de Luke, celle qui tenait la lame, et l'approcha brutalement de la serrure. « Tu racontes des conneries. Arrête de faire le malin. Et ouvre cette porte avant que je te bousille la main.

– Pourquoi on s'emmerde avec lui ? demanda Russell. On peut la forcer, non ?

– Non ! C'est comme ça et pas autrement. »

D'une main mal assurée, Luke réintroduisit la lame dans la serrure, mais son cerveau refusait de le suivre. Il savait, avec une absolue certitude, qu'ils allaient se faire prendre. L'homme avait dû voir le cadenas. *Et la grille*... Luke n'avait pas besoin de se retourner pour visualiser la grille telle que Russell l'avait laissée : entrouverte.

Entrouverte...

En un éclair, sa décision fut prise. « Lâchez-moi, alors ! dit-il sèchement. Je ne peux pas y arriver si vous me collez. Faites-moi de la place. »

Young lâcha son poignet droit, Russell son bras gauche, et tous deux reculèrent d'un pas. Luke agit aussitôt : arrachant la lame de la serrure, il fonça vers la grille, plongea dans l'ouverture et repoussa le battant pour ralentir les deux autres, qui s'étaient élancés derrière lui. Young fouillait déjà dans sa poche pour en extraire son éternel couteau.

Luke s'enfuit. En quelques secondes, il avait rejoint les pavés de Strutton Ground. Avant de tourner à droite, il jeta instinctivement un coup d'œil derrière lui pour vérifier son avance. Mais il n'y avait personne. Young et Russell ne l'avaient pas suivi. Une seule explication : ils avaient finalement décidé de forcer la porte du box et de s'occuper de lui un autre jour. Et ils n'allaient pas tarder à regretter leur décision, Luke le savait.

Car un homme – le passant de tout à l'heure, spécula-t-il – venait de surgir à l'autre bout d'Old Pye Street, deux policiers en gilet jaune sur les talons. L'avaient-ils repéré ? Il n'attendit pas la réponse.

Quand les trois hommes s'arrêtèrent devant la grille en fer qui protégeait le box, Luke était déjà loin.

17

Dans le vaste sous-sol qui tenait lieu de point de rassemblement – en temps normal, un parking enfoui sous un immeuble de bureaux -, M. Webb consulta sa montre pour la énième fois.

« Il ne viendra pas, Jodi, grommela-t-il.

– Si, Papa. Il me l'a promis. »

Toutefois, Jodi actionna le mécanisme d'ouverture de sa montre et effleura les aiguilles du doigt. Dix heures quarante. Plus que vingt minutes avant le départ. Elle avait fini de s'échauffer. Bientôt, les organisateurs appelleraient les coureurs de son groupe d'âge, qui seraient alors escortés jusqu'à la ligne de départ. Était-il possible que son père ait raison ? Qu'il ait toujours eu raison ? Avait-il vu quelque chose qu'elle ne pouvait pas voir – que Luke, au moment crucial, la laisserait tomber ? Jusqu'ici, elle n'avait jamais douté de lui, même quand il lui avait menti l'autre jour au Rec. Mais maintenant…

« Désolé ! Désolé d'être en retard. Je… Je me suis perdu. Je me suis trompé d'endroit. J'ai dû courir. » Luke haletait.

« Au moins, tu seras échauffé ! » Jodi se mit à rire, mais c'était surtout de soulagement.

« Garde tes excuses pour plus tard, fit sèchement M. Webb. Tu n'as plus le temps d'aller au vestiaire. Il va falloir te changer ici. »

Ce n'était pas un problème. Luke ôta son jean et le jeta dans le sac déjà bien rempli que M. Webb tenait ouvert. Son blouson, retiré à la hâte, suivit le même chemin quelques secondes plus tard.

« Au moins, tu n'as pas oublié ton numéro », dit le père de Jodi avec aigreur.

Il tendit le sac à l'un des organisateurs. Luke savait qu'un « bus à bagages » devait transporter les affaires des coureurs jusqu'à l'arrivée du marathon.

Tout se passait comme dans un brouillard. Jodi tâtonnait pour trouver son bras et lui passait la boucle de la lanière au poignet. Un organisateur armé d'un mégaphone appelait les moins de seize ans à se rassembler derrière un ruban rayé tendu entre deux autres adultes. M. Webb faisait des adieux précipités à Jodi, lui disait qu'il l'attendrait à l'arrivée, puis fendait avec raideur la foule de parents et de spectateurs en s'appuyant sur l'unique béquille dont il se servait encore. Il n'avait pas eu un mot pour Luke.

« Prêt ? » demanda Jodi en souriant. Elle paraissait radieuse.

« Je meurs d'impatience », répondit Luke, espérant qu'elle était trop excitée pour détecter son mensonge. Car impatient, il ne l'était pas. Les pensées se bousculaient dans sa tête.

Depuis l'instant où il avait pris la fuite, il réfléchissait activement à ce qu'il devait faire. Lee Young et Mig Russell s'étaient-ils fait choper ? C'étaient des malins, la plus fine équipe d'East Med. Peut-être qu'ils avaient réussi à s'échapper. Selon leurs propres dires, ils avaient fait des repérages sur place, donc ils connaissaient probablement une autre issue.

Mais s'ils *s'étaient* fait pincer ? Qu'allait-il se passer ? Les flics allaient-ils le prendre en chasse ? Lui tomber dessus au beau milieu de la course ? La seule idée de Jodi abandonnée sur le bord de la route avec son rêve en miettes le rendait malade.

Ne sois pas bête ! n'avait-il cessé de se dire. En s'engouffrant dans la station Westminster, en descendant quatre à quatre l'escalator, en bondissant dans une rame dont les portes se refermaient puis, après un trajet qui lui avait semblé infini, en cavalant pour sortir du métro et rejoindre le point de rassemblement – tout du long, il s'était répété : *Ne sois pas bête !*

Young et Russell ne le trahiraient pas. C'était une loi inviolable. Il ne les avait pas balancés, ils ne le balanceraient pas. Non, le seul risque, c'était qu'on l'ait repéré – que l'un des policiers qui arrivaient par l'autre bout d'Old Pye Street l'ait assez bien vu pour être capable de le reconnaître.

Ne sois pas bête ! se dit-il de nouveau. Il était loin quand ils étaient arrivés. Trop loin pour qu'ils distinguent son visage ou un détail quelconque…

« Luke ! » Jodi lui secouait le bras. « On nous appelle au départ. »

On avait attribué à Jodi une place au premier rang ; c'était l'unique concession faite à son handicap. Luke la guida jusqu'au ruban bariolé. Il y avait là deux autres coureurs flanqués de guides, avec un C au dos de leurs maillots. Deux seulement. Luke se sentit transporté de fierté.

« On y va ! »

Les organisateurs qui tenaient le ruban s'ébranlèrent. Suivis des coureurs, ils sortirent du parking et tournèrent à gauche dans Upper Thames Street. Au bout de vingt mètres, ils s'arrêtèrent : leur travail était terminé. Ils laissèrent la place au starter, un malabar en survêtement que Luke était sûr d'avoir vu participer à une grande course à la télé. Mais il n'eut pas le temps de se souvenir de son nom.

« Trois, deux, un… »

Le départ prit Luke par surprise. Leur position au premier rang ne leur fut d'aucun secours : à l'instant où le coup de pistolet du starter retentit, les athlètes excités s'élancèrent vers l'avant comme s'ils participaient à une course de vitesse, et non à un marathon de plus de quatre kilomètres. En un clin d'œil, Jodi et Luke furent dépassés et bousculés de toute part.

Cela força Luke à se concentrer. Après quelques foulées hésitantes, au cours desquelles Jodi fut projetée vers lui et faillit tomber, il chassa ses propres soucis pour s'occuper d'elle en priorité.

« Reste à cette vitesse ! cria-t-il. Je passe devant. »

La cohue était telle qu'il ne voyait pas d'autre solution. Laissant son bras gauche traîner dans son dos, il se positionna devant Jodi et se mit à la guider à la manière des éléphants. On continuait à les dépasser, et il ne voyait pas grand-chose d'autre qu'un océan de têtes bondissantes ; mais, au moins, ils étaient lancés.

Comme il ne respirait pas aussi bien que prévu, il conserva sur les deux cents premiers mètres une allure prudente.

« On arrive bientôt au passage souterrain ! cria Jodi derrière lui. La route commence à descendre. »

Une fois de plus, elle venait de relever quelque chose qui avait échappé à son guide : effectivement, la chaussée s'inclinait progressivement vers le passage souterrain reliant Upper Thames Street à Victoria Embankment – la large route qui longeait la Tamise et qui les conduirait jusqu'au Parlement.

Ils descendirent donc, toujours en douceur. Devant eux, la mer de têtes s'écoulait vers la bouche sombre du passage souterrain. Luke savait qu'il n'aurait pas besoin de prévenir Jodi à l'entrée.

« Le passage ! » s'écria-t-elle.

Ils s'engouffrèrent dans le tunnel éclairé au néon. En semaine, l'endroit résonnait du vacarme incessant des voitures ; aujourd'hui, on n'entendait que les pieds qui heurtaient le bitume et la respiration régulière d'adolescents courant par pur plaisir.

« On remonte ! » fit Jodi.

De fait, ils avaient dépassé le plus profond du tunnel et remontaient vers le halo de lumière de la sortie, qui grossissait à chaque foulée.

« Côte à côte, maintenant, Jodi ! cria Luke. Position normale ! »

La montée, si légère fût-elle, avait ralenti certains coureurs. D'autres regrettaient déjà leur départ trop rapide. Des vides se créaient. Il y avait davantage d'espace pour manœuvrer. Jodi réagit instantanément à l'appel de Luke et allongea un peu la foulée pour regagner sa place habituelle, près du coude de son guide. Luke jeta un coup d'œil à son visage : il rayonnait.

Mais ce n'était rien comparé au cri de joie qu'elle poussa lorsqu'ils émergèrent en pleine lumière, sous le soleil matinal qui illuminait Victoria Embankment… et entendirent les premières acclamations de la foule.

« Écoute, Luke ! Écoute-les ! » C'était le cri de quelqu'un dont le rêve devient réalité.

Luke avait l'impression de pénétrer dans un stade bondé. Jusqu'alors, il y avait eu peu d'espace disponible pour les spectateurs. Mais ici, sur la berge, avec ses larges trottoirs des deux côtés de la chaussée, la place ne manquait pas. Les gens étaient debout sur les bancs ou s'accrochaient de manière précaire aux branches des arbres ; certains se tenaient même en équilibre sur le mur qui séparait la route du fleuve, au risque de chuter dans la Tamise. Et tous, apparemment, criaient à s'en déchirer les cordes vocales.

Les encouragements n'enflammèrent pas seulement Jodi : ils donnèrent à Luke un sursaut d'énergie plus que nécessaire. Les événements de la matinée et son sprint pour arriver à temps l'avaient mis dans un sale état. Il s'en était rendu compte en montant la pente qui menait hors du passage souterrain. Même s'il s'en était bien caché, cette partie du trajet ne lui avait pas paru aussi facile qu'elle l'aurait dû.

À présent, réconforté par les vivats de la foule qui s'entassait de part et d'autre de la route, il se sentait plutôt pas mal. Il aurait aimé décrire la scène à Jodi : les bateaux restaurants mouillant le long de la Tamise ; la grande roue du London Eye qui tournait lentement sur la rive opposée ; la couleur et l'éclat du panorama tout entier. Mais il préféra économiser son souffle. Il n'en avait déjà plus tant que ça.

« Léger à gauche. »

La route s'incurvait doucement pour suivre le cours de la Tamise. Quelques foulées plus loin, Jodi et Luke passèrent devant la grande obélisque en pierre dite « Aiguille de Cléopâtre » – l'un des plus étranges cadeaux qu'un pays ait jamais faits à un autre. C'est alors que Luke aperçut le policier en gilet jaune qui le fixait en parlant dans son talkie-walkie.

« On sera bientôt au pont de Westminster ! » cria Jodi qui, manifestement, avait mémorisé le trajet dans ses moindres détails.

Luke ne répondit pas. Il avait la tête ailleurs.

Ce flic. L'avait-il vraiment regardé, ou était-ce un effet de son imagination ? Les trois hommes l'avaient-ils vu quand il s'enfuyait d'Old Pye Street ? L'un d'eux avait-il repéré un détail indiquant qu'il participait au marathon – un bout de maillot orange dépassant de son blouson fermé, par exemple ? Si c'était le cas, ils auraient eu tôt fait de passer le mot aux agents qui surveillaient la course. Les flics devaient le guetter tout au long du parcours.

Plausible ou non, cette idée ramena d'un coup toute la tension. Même les acclamations de la foule n'y faisaient plus rien. Luke et Jodi entamaient maintenant la difficile ligne droite qui montait vers le Parlement. Les jambes de Luke commençaient à se raidir et son estomac à se nouer. Quand ils atteignirent le sommet de la pente, il se sentait comme un supplicié attaché à son chevalet.

« À droite toute ! »

Cet ordre, articulé le plus clairement possible pour indiquer à Jodi qu'ils bifurquaient dans Bridge Street, déchira la poitrine de Luke. Il serra les dents et s'efforça d'inspirer à fond.

« Plus de la moitié ! » cria Jodi.

Luke grimaça. Il leur restait encore un bon kilomètre et demi, et déjà il ne rêvait que de s'arrêter.

« On arrive à Parliament Square ! fit Jodi. C'est comment ? »

Que pouvait-il dire ? Que la place ne ressemblait plus du tout à ce qu'il avait vu deux heures plus tôt ? Qu'elle était maintenant totalement envahie par les spectateurs ? Que les flics étaient sagement alignés le long du parcours, alors que tout à l'heure ils avaient trop à faire pour repérer trois voleurs de voiture en vadrouille ?

Tout ce qu'il trouva à répondre, fut : « Bondé ! »

Jodi parut s'en contenter. « Je m'en doute. Écoute-les ! »

Dans moins d'une heure, la foule massée sur le trajet verrait passer les premiers coureurs stars du grand marathon. Viendrait ensuite le reste de la troupe : d'abord les compétiteurs sérieux qui s'entraînaient dans un club, puis – courant plus lentement, voire marchant carrément – des gens comme le serveur et le gorille, qui enduraient joyeusement une course de quarante-deux kilomètres afin de lever des fonds pour leur cause favorite. Mais, dans l'immédiat, les jeunes coureurs avaient l'impression que les spectateurs étaient venus rien que pour eux.

« Accélère, Luke ! »

C'était pile ce qu'il redoutait d'entendre. Il jeta un coup d'œil à Jodi : elle courait avec plus d'aisance que jamais. Son corps était décontracté, sa foulée parfaitement régulière. La course semblait la combler – et lui, il se sentait vide.

Il se força à accélérer. Au moins, maintenant, ils couraient sur du plat. Ses jambes fatiguées commençaient à mieux répondre. Quelques mètres plus loin, ils rattrapèrent un groupe de coureurs déployé sur toute la largeur de la route. Il fallait dépasser : maintenant qu'il avait réussi à prendre de la vitesse, Luke ne voulait surtout pas être obligé de ralentir.

« De ton côté ! » cria-t-il.

C'était une autre de leurs expressions codées : elle signifiait que Jodi devait continuer tout droit, mais en se déportant vers le bord du trottoir. Un des coureurs qui les précédaient venait de sprinter, laissant derrière lui un espace assez large pour leur permettre de passer. Jodi se déplaça aussitôt vers la gauche, comme un voilier qui change de bord, et redressa quand Luke lui cria : « C'est bon ! »

Ils étaient plus proches de la foule que jamais. Pas assez pour courir un risque, mais suffisamment pour distinguer clairement les cris des spectateurs.

« Tiens bon, ma jolie ! hurla une femme enthousiaste comme si Jodi était sa propre fille.

– Tu y es presque ! » renchérit une autre.

Et parmi toutes ces voix, une autre, sèche, cassante, presque noyée par les acclamations :

« Le suspect approche de Great George Street. »

Luke se retourna d'un coup, manquant perdre l'équilibre. La vue lui fut d'abord masquée par Jodi, qui courait une demi-foulée derrière lui ; puis il aperçut l'éclat jaune d'un gilet – un gilet de *policier*.

C'était donc vrai : ils le poursuivaient. Ça ne pouvait pas être son imagination. Les deux flics d'Old Pye Street avaient dû le repérer et faire circuler sa description.

Mais comment ? Il était si loin d'eux. Et il portait un blouson et un jean, pas une tenue de sport.

Comment avaient-ils su qu'il participait au marathon ?

Quelle que fût la réponse, une chose était claire : au lieu de l'arrêter en plein élan, ils avaient décidé de le laisser courir, tout en surveillant chacun de ses mouvements.

Or donc – pouvait-il s'échapper ? S'enfuir, là, maintenant, et disparaître dans la foule ?

Il regarda loin devant lui, au-delà de la rangée de bâtiments gris qu'ils étaient en train de longer. Ils n'allaient plus tarder à aborder Birdcage Walk : une large avenue bordée d'arbres, longue de près d'un kilomètre, qui les mènerait presque jusqu'aux grilles de Buckingham Palace. De là, ils n'auraient plus qu'une petite distance à parcourir pour atteindre la ligne d'arrivée. Birdcage Walk : la promenade des oiseaux en cage…

L'avenue bordait St. James's Park. Vu l'état des rues, le parc devait regorger de spectateurs venus applaudir le glorieux sprint final de leurs proches. C'était là qu'il fallait s'échapper. Luke se perdrait dans la foule avant que les flics aient eu le temps de dire ouf. Ensuite, avec juste une description (et pas de nom), ils auraient bien de la peine à retrouver sa trace.

« On en est où du temps, Luke ? »

La question de Jodi le ramena brutalement à la réalité. Il était si absorbé, et leur course si harmonieuse malgré ses jambes douloureuses, qu'il avait un instant oublié sa présence.

Il n'avait pas besoin de consulter sa montre pour répondre. À l'évidence, Jodi avait mémorisé cette partie du trajet, tout comme le reste : elle savait qu'ils avaient atteint Birdcage Walk et approchaient maintenant du chronomètre du marathon. Et en effet il était là, au-dessus de la route, décomptant les secondes en gros chiffres lumineux.

« Seize minutes et vingt secondes, cria Luke tandis qu'ils le dépassaient. Vingt-et-une, vingt-deux, vingt-trois…

– Alors je vais battre mon record personnel ! »

Jodi haletait à présent, mais elle courait toujours bien, et son sourire ne l'avait pas quittée.

Jodi.

Se sauver maintenant, c'était la laisser tomber. Pouvait-il faire une chose pareille ? La question ne se posait même pas. C'était impossible et il le savait.

Changement de programme, donc. Quand ils franchiraient la ligne d'arrivée, la mère de Jodi serait là à l'attendre. C'était ce qui avait été décidé : M. Webb devait s'occuper d'eux au départ, puis prendre le métro pour les attendre à l'arrivée – mais, pour le cas où il aurait du retard, sa femme irait directement sur le Mall et se placerait aussi près que possible de la ligne d'arrivée. Dès qu'ils la franchiraient, donc, Mme Webb se précipiterait sur sa fille. Dans la joie et la confusion du moment, Luke pourrait se fondre dans la foule qui emplissait le parc et disparaître. Encore fallait-il pour cela atteindre l'arrivée…

Il se sentait faible à présent, désespérément faible, mais, curieusement, il parvenait à conserver le rythme. Ils approchaient d'un des terre-pleins qui ponctuaient la route. Une flèche était peinte sur le bitume. Le cerveau de Luke était passé en mode automatique. Une flèche. Qu'est-ce que ça signifiait ?

« Une rampe ! hurla-t-il. Vas-y mollo ! »

Il l'avait vue juste à temps. La route s'élevait doucement jusqu'au passage clouté permettant d'accéder au terre-plein. Jodi ralentit légèrement et adapta sa foulée tandis qu'ils montaient, puis redescendaient de l'autre côté.

Luke s'efforça de faire de même, mais ses jambes se rebiffaient. À la fin de la descente, il trébucha en posant son pied droit trop lourdement sur le plat. Par miracle, il parvint à rester debout, mais une douleur aiguë remonta le long de sa jambe. Il ferma les yeux pour ne pas crier.

Quand il les rouvrit, sa vision commençait à se brouiller. Devant lui, la foule semblait bloquer la route. Les gens étaient au milieu de la chaussée ! Impossible de passer ! Il allait ordonner à Jodi de s'arrêter quand elle cria : « On arrive à un virage, non ? »

Un virage ? Luke tenta de se concentrer sur la route. La foule ne la bloquait pas du tout. Derrière les têtes, il distinguait des grilles à pointes dorées et une immense façade en pierre de Portland. Juste devant lui, une bande de bitume rose s'incurvait vers la droite et un organisateur à dossard orange, debout, tendait le bras dans la bonne direction. Ils étaient arrivés au bout de Birdcage Walk et abordaient le virage qui devait les amener devant le palais de Buckingham.

« À droite toute ! » haleta Luke.

Quelque part au fond de lui, il avait réussi à trouver les mots. Mais il était ailleurs à présent, dans un autre monde, fait de douleur et d'épuisement. Il sentait vaguement ses jambes remuer, ses pieds frapper le sol. Ils passaient devant le mémorial de la reine Victoria et sa statue à ailes dorées. La base du monument était couverte de photographes de presse et de reporters de télé, et non de spectateurs poussant des vivats, si bien que, l'espace d'une seconde, il eut l'impression qu'on l'avait transporté dans une pièce insonorisée.

« Il arrive. Maillot orange. Numéro 4127, c'est bien ça ? »

Luke entendit distinctement ces paroles. La vue brouillée par la sueur, il lança un regard de côté et vit la femme flic qui parlait dans son talkie-walkie sans le quitter des yeux.

Numéro 4127 ? Le sien. Son cerveau était comme déconnecté de son corps. Ses jambes avançaient d'elles-mêmes, chancelantes, et une image dansait dans sa tête…

Le métro de ce matin. Lee Young et Mig Russell mimant une course avec leurs bras, et Young articulant silencieusement : « Le gagnant est… le numéro 4127 ! »

Young et Russell.

Les rois d'East Med. Les héros de Luke. Avant.

La police n'avait pu obtenir son numéro que d'une seule manière, et c'était par eux. Young et Russell avaient *balancé Luke* !

Cette prise de conscience lui donna un sursaut de rage et d'énergie comme il n'en avait jamais connu.

« Redresse, Jodi ! » hurla-t-il.

Ils avaient fini de contourner le mémorial. Le grand arc carré était en vue, avec son horloge à affichage digital et ses énormes lettres : ARRIVÉE. La douleur n'avait plus d'importance. Plus rien n'avait d'importance, sinon guider Jodi jusqu'à la ligne blanche. En pleine accélération, Luke cria de toutes ses forces :

« Tiens bon, Jodi ! Écoute les gens ! C'est toi qu'ils soutiennent, Jodi ! TOI ! »

Quelques secondes plus tard, ils franchissaient la ligne d'arrivée. Luke s'arrêta, arracha la lanière de son poignet et tomba à genoux. Au même moment, Mme Webb, surexcitée, se détacha de la foule. Elle riait et pleurait à la fois.

« Bravo ! Bravo à tous les deux ! »

Tandis qu'elle étreignait sa fille, Luke sentit deux mains vigoureuses qui lui prenaient le bras et le hissaient vers le haut. Il avait le vertige et les jambes en compote. Pantelant, il s'efforça de tenir debout. Alors seulement, il leva les yeux vers l'homme à qui appartenaient les mains… et vit, à travers sa sueur et ses larmes, le gilet jaune d'un agent de police.

Au même moment, quelque part – loin, très loin, semblait-il – une voix déclara solennellement : « Luke Martin Reid, je vous arrête… »

Puis ses jambes cédèrent et tout devint noir.

18

Le gardien choisit une clé dans le trousseau suspendu à sa taille et ouvrit la porte en acier. Il passa derrière Luke et sa mère, puis referma derrière eux. Le bruit de la clé tournant dans la serrure se répercuta le long du couloir. Quelques mètres plus loin, le gardien ouvrit une autre porte. Celle-ci était en bois et peinte d'un rouge criard.

« Par ici, s'il vous plaît. »

Luke et sa mère entrèrent. Elle avait sorti la lettre de son sac et la serrait dans sa main.

La pièce, chichement meublée, contenait une table basse et quatre gros fauteuils. Le sol était couvert d'une mince moquette qui n'allait pas tout à fait jusqu'aux murs, si bien qu'on apercevait les carreaux d'un gris terne. Il y avait aussi deux tableaux encadrés – des formes indéfinissables aux couleurs pastel. Un néon grésillant. Pas de fenêtre. C'était une pièce qu'on avait cherché à rendre accueillante, sans tout à fait réussir à déguiser ce qu'elle était : la salle d'attente d'une prison.

« Mettez-vous à l'aise, dit le gardien, optimiste. Je reviens tout de suite. »

Après son départ, la mère de Luke s'assit et commença à relire la lettre, comme pour vérifier qu'elle disait toujours la même chose, qu'il ne pouvait pas en aller autrement.

Luke s'assit à côté d'elle et étendit ses jambes devant lui. Son ampoule au talon le fit grimacer. Elle avait dû grossir tout au long de la course. Bizarre qu'il ne l'ait pas sentie. Trop de choses en tête, sans doute. Et à l'arrivée – eh bien, à l'arrivée, les ampoules étaient vraiment le cadet de ses soucis.

*

Juste avant de s'évanouir, Luke avait vu le monde disparaître dans un brouillard sombre. À son réveil, tout tanguait autour de lui. Au-dessus de son visage, des doigts tentaculaires allaient et venaient sur une mer de bleu clair et de blanc. Sous son dos, le sol était comme une houle.

« Ne t'inquiète pas, fit une voix derrière lui. On va s'occuper de toi. »

Luke pencha la tête en arrière et vit alors, à l'envers, un homme aux cheveux gris portant un uniforme noir avec une croix sophistiquée sur la poche de devant.

Son cerveau recommençait à fonctionner. Les ambulanciers de St. John, se dit-il. Il étaient garés presque à chaque coin de rue. Ça expliquait le roulis et la vue qu'il avait devant les yeux : il était étendu sur une civière et regardait le ciel à travers les branches des arbres.

D'autres souvenirs lui revenaient peu à peu : Jodi serrée dans les bras d'une Mme Webb extatique ; le flic à la voix solennelle. Où étaient-ils tous ? Luke jeta un coup d'œil sur le côté. Ils étaient là. Il ne les voyait pas vraiment, juste de vagues silhouettes, mais il entendait leurs voix. Des mots et des bribes de phrases dérivaient jusqu'à lui, comme des échos dans un tunnel.

« Avec deux autres jeunes... tentative de vol de voiture... »

Mme Webb : « Ce matin ? Je ne vois pas comment...

– C'est ce que disent les deux autres... leur aurait ouvert... donné son nom... son numéro... »

Luke avait vu juste. Lee Young et Mig Russell l'avaient balancé. Coulé en même temps qu'eux. Ou peut-être *à leur place*. En tout cas, ils avaient fait le nécessaire pour qu'on l'envoie direct à Markham.

La civière se mit à pencher : ils avaient rejoint l'ambulance. Les portières arrière étaient grandes ouvertes. Des civières rouges étaient alignées sur le côté, en attente d'autres clients potentiels. On hissa Luke à l'intérieur et on le transféra sur une banquette ferme. L'infirmier aux cheveux gris prit alors le contrôle de la situation.

« Attendez dehors, s'il vous plaît. Vous aussi, monsieur l'agent. Vous lui parlerez quand on l'aura remis sur pied.

– Je veux rester avec lui. » C'était Jodi, et son ton n'admettait aucune réplique. D'ailleurs, elle montait déjà à tâtons dans le véhicule. « C'est ma faute s'il ne va pas bien. Je l'ai forcé à courir trop vite. »

On la fit asseoir sur un petit siège près de la tête de Luke. Elle resta silencieuse pendant que les infirmiers vérifiaient le pouls, la tension et l'état général du patient. Puis on tendit à Luke une boisson au glucose et l'homme aux cheveux gris sortit parler au policier. « Ça va aller, dit-il. Un peu déshydraté. Donnez-lui cinq minutes pour boire quelque chose. » C'est le moment que choisit Jodi pour demander la vérité à Luke. Elle aurait aussi bien pu ajouter « toute la vérité, rien que la vérité » : de toute manière, il n'avait aucune intention de lui mentir.

« Ils avaient trouvé une Porsche. Ils voulaient que je les fasse entrer dans le box.

– Pourquoi toi ?

– Parce que je sais crocheter les serrures. C'est ce que je fais le mieux. » Il tenta un sourire. « À part courir, bien sûr. »

Mais pas mentir.

Ça, c'était terminé.

Jodi semblait au désespoir. « Donc c'était ça, le problème personnel ? Les aider à voler une voiture ? Comme tu les as aidés à voler la nôtre ?

– Non, Jodi ! Ils m'ont forcé. Je te jure que c'est vrai.

– Forcé ! Tu veux dire que tu ne voulais pas ?

– Non.

– Alors pourquoi tu l'as fait ? Dis-le-moi, Luke. Je veux comprendre !

– Je ne peux pas te le dire. »

Jodi se tut quelques instants, puis reprit d'une voix douce : « Ça avait quelque chose à voir avec moi, n'est-ce pas ? »

Ce fut comme un couteau qui tranche dans un abcès : les dernières résistances de Luke tombèrent d'un coup. Il leva les yeux vers la jeune aveugle qui voyait si clair en lui.

« Ils m'ont dit que si je ne les aidais pas, ils s'en prendraient à toi. Qu'ils te feraient du mal. Et ils étaient sérieux, Jodi. Je ne pouvais pas les laisser... »

Un coup frappé à la portière l'avertit que les cinq minutes étaient écoulées et que l'agent de police arrivait, qu'il le veuille ou non. Il posa doucement les pieds par terre.

« Prends-moi le bras, dit-il à Jodi. Je vais t'aider à descendre.

– Comment tu te sens ? »

Luke sourit – un sourire que Jodi voyait, il le savait, parce qu'il était là, dans sa voix : « Je te dirai ça quand j'en aurai fini avec ce flic, d'ac ? »

Ils sortirent tous les deux. M. Webb était arrivé pendant qu'ils étaient à l'intérieur – et Mme Webb, sans nul doute, l'avait déjà mis au parfum. Aussitôt, elle se précipita pour prendre le bras de Jodi et la conduire vers son père. Quant à Luke, son attention fut sollicitée ailleurs.

« Luke Reid ? C'est votre nom ? »

L'agent le regardait d'un air grave. Et il avait fait venir du renfort. Derrière lui, une policière parlait dans son talkie-walkie. Luke hocha la tête. Il ne savait que trop bien ce qui allait suivre.

« Je vous arrête pour tentative d'effraction dans des locaux d'Old Pye Street, en compagnie de tiers, avec intention de voler un véhicule », dit l'agent lentement, posément. Sa collègue s'avança et fit semblant de sortir son calepin tandis qu'il poursuivait : « Vous n'êtes pas obligé de parler, mais si vous omettez durant l'interrogatoire des faits que vous invoquerez plus tard au tribunal, cela peut nuire à votre défense. Tout ce que vous direz pourra être retenu contre vous. »

Par le passé, Luke avait toujours rêvé qu'on abrège cette mascarade. Aujourd'hui, il avait de bonnes raisons d'être reconnaissant à l'agent : son petit discours avait donné le temps à M. Webb de s'avancer vers eux.

« Pardon, monsieur l'agent, mais de quoi s'agit-il ? »

Le policier fronça les sourcils, mais il resta poli – chose à laquelle les flics d'East Med n'avaient guère habitué Luke. « Puis-je vous demander qui vous êtes, monsieur ?

– Je m'appelle Allan Webb.

– Et vous avez un lien de parenté avec ce… » Le policier hésitait visiblement sur le qualificatif approprié. M. Webb le tira d'embarras.

« Avec Luke ? » C'était la première fois que Luke l'entendait prononcer son prénom. « Non. Mais je… enfin, je suis responsable de lui aujourd'hui. Il était le guide de ma fille Jodi pendant le marathon. »

Visiblement, l'agent s'estimait suffisamment renseigné pour répondre à la question initiale.

« Alors je regrette de vous informer, monsieur, que Luke est en état d'arrestation. Nous le soupçonnons d'avoir tenté de voler une voiture ce matin dans un garage privé d'Old Pye Street. Deux autres jeunes se sont fait prendre. Ils disent que Luke était avec eux. »

M. Webb prit un air perplexe. « Ce matin, dites-vous ? À quelle heure ?

– Juste après neuf heures trente.

– Vous êtes sûr ? »

L'agent jeta un coup d'œil à sa collègue pour obtenir confirmation. Elle hocha la tête. « D'après le témoin qui a signalé l'incident, oui.

– Alors je crains que vous ne fassiez erreur, monsieur l'agent, dit M. Webb.

– Pardon ?

– À neuf heures et demie, Luke était avec moi, au départ du mini-marathon. N'est-ce pas, Luke ? »

Il regarda Luke, et ce regard disait aussi clairement que des mots : « Je t'offre une porte de sortie. Prends-la ! »

Luke le dévisagea. Il mentait ! Le vieux Webb mentait pour le sauver ! Pour quelle raison, Luke n'en avait aucune idée. Mais il savait maintenant ce qu'il devait dire. Ses jambes lui faisaient toujours mal, mais son cerveau raisonnait plus lucidement que jamais.

« Je crois que vous avez besoin d'une nouvelle montre, monsieur. Webb. La vôtre ne doit pas bien fonctionner. Je ne suis arrivé au départ de la course qu'à dix heures et demie. À neuf heures et demie, j'étais dans Old Pye Street, comme vient de le dire monsieur l'agent. »

*

Le gardien n'était toujours pas revenu. Luke sentait sa mère nerveuse. Elle n'avait pourtant aucune raison de l'être. C'était lui qui avait des choses délicates à dire. Elle, elle n'apportait que de bonnes nouvelles. Si bonnes qu'elles justifiaient cette visite exceptionnelle.

Enfin, ils entendirent du bruit derrière la porte et le père de Luke entra. Il semblait inquiet.

« Qu'est-ce qu'il y a ? » demanda-t-il dès qu'il eut franchi le seuil. Puis, comme il ne voyait pas Billy et Jade et ignorait qu'ils étaient gardés : « C'est les petits ? Qu'est-ce qui s'est passé ?

– Rien, calme-toi ! » La mère de Luke brandissait la lettre qu'elle avait sortie tout à l'heure. On aurait dit qu'elle avait en main les joyaux de la couronne. « Je voulais juste que tu voies ça de tes propres yeux. On a une maison, Dave ! »

La lettre était arrivée le lendemain du marathon. Luke avait dû attendre que sa mère cesse de faire des bonds pour la lire. Leur tour était enfin arrivé. Billy et Jade étaient peut-être insupportables, mais ils avaient fait la différence : quelqu'un avait décidé que trois enfants dans un si petit appartement, c'était décidément trop – dommage qu'ils ne m'aient pas posé la question avant, avait pensé Luke. On leur avait attribué une des maisons en construction sur le terrain vague bordant la Tamise – celui où il avait trébuché un matin en faisant son jogging.

Luke observa son père. Il paraissait content. Plus que content, même : il avait un sourire jusqu'aux oreilles. Ses parents se tenaient les mains et gloussaient comme des gamins.

Quand ils furent calmés, son père se tourna vers lui. « Qu'est-ce que tu en dis ? »

Luke sourit faiblement. « C'est bien. » Il se redressa et regarda son père dans les yeux. « Ce sera bien. À condition que tu sois là. Tout le temps.

– Je serai là. C'est promis. J'étais sérieux quand j'ai dit que je me rangeais. Dix-huit mois, c'est tout ce qu'il me reste. Ensuite, les choses seront complètement différentes, tu verras. » Les yeux embués, il saisit le poignet de son fils. « J'ai beaucoup de choses à rattraper, pas vrai ?

« Ouais », fit Luke. Il hésita, ne sachant trop comment poursuivre.

Sa mère vint à son secours. « Luke doit encore passer devant le tribunal.

– Quoi ! » Le père de Luke semblait furieux. « Tu m'avais promis… »

Sa femme le coupa. « Dave ! Écoute ce qu'il a à dire. Il a eu une embrouille avec Lee Young et Mig Russell.

– Ces deux-là ! fit le père de Luke avec dédain. Quand je les ai connus, c'étaient des morveux empêtrés dans leurs culottes courtes ! » Puis il croisa les mains et se cala dans son fauteuil. « Vas-y, alors. Je t'écoute. »

Raconter son histoire ne fut pas aussi difficile que Luke le craignait ; ce fut plutôt comme un marathon imaginaire. Il débuta son récit lentement, de manière hésitante, mais, dès qu'il eut trouvé son rythme, les mots se mirent à couler facilement, comme les foulées d'un coureur de haut niveau.

Il raconta tout à son père, depuis le vol du 4 x 4 jusqu'à l'épisode de la Porsche et à son arrestation après le marathon. Il expliqua que, curieusement, son refus d'accepter le faux alibi offert par M. Webb avait fait grande impression sur celui-ci. À partir de ce moment, le père de Jodi avait pris les choses en main. Il avait accompagné Luke au poste et s'était arrangé pour qu'un taxi aille chercher sa mère pendant que Mme Webb et Jodi gardaient Billy et Jade. Il avait même téléphoné à Viv et réglé avec lui le problème de la caution.

« Et qu'est-ce qui va t'arriver, alors ? demanda le père de Luke. Markham ?

– Viv espère que non. Et il en sait sans doute quelque chose… »

Luke raconta alors que, le jour où la lettre d'attribution de logement était arrivée, Viv était passé le prendre en fin d'après-midi et, sans même lui laisser le temps d'attacher sa ceinture, avait déclaré : « Un petit oiseau m'informe que Lee Young et Mig Russell se sont engueulés – et pour de bon. »

Luke avait haussé les épaules. « Et c'est une bonne nouvelle ?

– D'après mon petit oiseau, oui. Il paraît que, quand Young t'a nommé et a dit aux flics que tu participais à la course, Russell lui a passé un savon. Et ça ne s'est pas arrêté là. Ça s'est envenimé, m'a dit mon petit oiseau. Assez pour qu'ils commencent à s'envoyer des vacheries en mentionnant d'autres coups qui avaient foiré. Par exemple un 4 x 4 qui avait brûlé au lieu de leur rapporter une jolie petite somme. »

Luke se tourna vers Viv. Celui-ci regardait fixement la route, comme si un épais brouillard requérait toute son attention.

« En l'occurrence, le 4 x 4 de M. Webb. Ce vol fera partie des chefs d'accusation pendant leur procès. Et la liste est longue. » Viv sifflota un petit air, comme pour laisser le temps à Luke d'assimiler ses paroles. « Tu ne seras sans doute pas étonné d'apprendre qu'ils t'ont aussi mentionné à propos de ce coup-là. Mais ça n'a pas d'importance. En l'occurrence, tu as déjà été condamné. Et tu as purgé ta peine. Enfin, une partie… »

Viv n'en dit pas davantage pendant le trajet ; il attendit qu'ils soient assis dans le minuscule salon des Webb. La pièce n'avait guère changé depuis leur première visite, si pénible pour Luke, mais l'atmosphère était différente. Nettement plus chaleureuse, semblait-il… Et ce, avant même que Viv n'annonce la bonne nouvelle.

« Luke, nous sommes tous d'accord pour dire que le plan d'action a bien fonctionné. »

Tout le monde hochait la tête : Jodi, Mme Webb – et sur le canapé, la jambe enfin délivrée de son plâtre, M. Webb.

« J'ai donc écrit au tribunal en demandant que ton travail d'intérêt général soit prolongé pour couvrir l'ensemble de la période de quatre mois. » Viv sourit. « Ce qui veut dire : pas de Markham.

– Jusqu'à ce qu'on juge l'affaire de la Porsche, répliqua Luke, le visage sombre.

– Avec un peu de chance, ça ne changera rien.

– Quoi ? Tu es sûr ?

– Non. Mais comme Young et Russell se tirent dans les pattes, les juges sauront au moins *pourquoi* tu étais là. Et s'ils tiennent compte et de ça, et de ton attitude positive ces deux derniers mois… » Viv lui lança un clin d'œil. « Tu as une chance de t'en sortir. »

Ensuite, ils firent une petite fête. Rien d'énorme, juste quelques verres et des biscuits que Jodi avait confectionnés sans aide. « Sauf quand je t'ai empêchée de verser de la pâte dans la passoire à thé ! » fit observer Mme Webb.

Avant le départ, Jodi emmena Viv dans le jardin pour lui montrer ses fleurs. Mme Webb, qui avait des choses à faire à la cuisine, quitta la pièce en fredonnant gaiement, et Luke se retrouva seul avec le père de Jodi. Il y eut un silence gêné, puis M. Webb aborda de lui-même la question que le jeune homme se posait depuis deux jours.

« J'imagine que tu aimerais savoir pourquoi j'ai… » Il fit une pause, cherchant sans doute un autre mot que *menti*. « Pourquoi j'ai… essayé de te fournir un alibi. »

Inutile de nier, pensa Luke. « Ouais. Je veux dire, merci beaucoup. Mais ouais, je me demandais.

– Eh bien, premièrement, Jodi m'a répété ce que tu lui avais dit dans l'ambulance. Que ces crapules avaient menacé de s'en prendre à elle. Je trouvais injuste que tu aies des ennuis pour la protéger. »

Luke haussa les épaules. « La vie est injuste, pas vrai ? De toute manière, vous avez entendu ce qu'a dit Viv : quand les juges sauront tout, les choses pourraient plutôt bien tourner.

– Mais s'ils savent tout, ce sera uniquement à cause des deux autres, n'est-ce pas ? Tu ne leur aurais rien dit. Ç'aurait été désobéir à votre code de non-dénonciation. Et je suis bien placé pour savoir à quel point tu le respectes ! »

Luke regarda M. Webb. On ne pouvait pas exactement dire qu'il souriait, mais il n'avait pas l'air en colère non plus. Il se leva, s'approcha lentement de la fenêtre et observa sa fille, qui montrait ses prouesses à Viv en arpentant le sentier aussi sûrement qu'une gazelle. Luke sentait qu'il avait encore quelque chose à dire. Il attendit en silence.

Enfin, M. Webb se tourna vers lui en soupirant. « Mais surtout, il y avait le témoignage de mes propres yeux. »

– Comment ça ?

– Après vous avoir regardés démarrer la course, je me suis débrouillé pour avoir une place dans le bus à bagages. Il a pris des rues parallèles et m'a déposé en bas du Mall. Trop tard pour être à temps à l'arrivée, mais pas pour vous voir de loin. Je vous ai regardés avec mes jumelles. Et tu courais, hein ?

– J'étais un peu claqué, dit Luke en souriant.

– Mais pas Jodi. C'était le plus beau moment de sa vie, Luke. » M. Webb inspira à fond et se força à poursuivre. « Elle était beaucoup, beaucoup plus heureuse qu'elle ne l'a jamais été quand elle courait avec moi. »

Il se détendit aussitôt, comme si lâcher ces mots l'avait soulagé d'un poids. « Tu lui as beaucoup apporté, Luke. Tu nous as beaucoup apporté à tous. Grâce à toi, nous savons aujourd'hui que nous n'avons pas une aveugle pour fille, mais que nous avons une fille qui se trouve être aveugle. Grosse différence. En tout cas, je voulais que ça continue. C'est pour ça que j'ai agi comme je l'ai fait et que tu auras tout notre soutien quand cette nouvelle affaire sera jugée.

– Merci, dit Luke. J'ai beaucoup appris aussi.

– Surtout sur le boulot de guide de course, fit M. Webb en souriant. D'ailleurs, je voulais te demander de rester le guide de Jodi. »

Luke était abasourdi. « Même quand votre jambe ira mieux ?

– Oui. Cela dit, ne t'inquiète pas, je serai toujours là pour faire un peu de coaching !

– Ah bon ? bougonna Luke – mais il souriait.

– Allons, tu ne voudrais tout de même pas que je me prive du plaisir d'entraîner deux champions.

– Champions ?

– Oui, champions, répéta M. Webb avec un grand sourire. Grâce à toi, Jodi a battu son record personnel de presque une minute ! »

*

Luke se laissa aller dans son fauteuil, savourant le spectacle de ses parents réunis et buvant ses paroles.

« Et voilà, dit-il. Vous savez tout.

– Tu vas continuer avec ces histoires de course, alors ? demanda son père.

– Ouais. Ouais, je vais continuer. Peut-être même essayer de me présenter seul à certaines épreuves. Jodi pense que je pourrais bien m'en sortir. De toute manière, ça n'a pas d'importance. J'adore courir. Ça m'éclate. C'est mieux que… mieux que tout. »

Mieux que voler. Mieux que frayer avec des types comme Lee Young et Mig Russell.

Comme il pensait à eux, Luke se décida à formuler tout haut la seule crainte qui lui restait vraiment : « Young et Russell ne sont plus des gamins, Papa. C'est des gros durs. Les caïds d'East Med.

– Plus maintenant, dit son père d'une voix ferme.

– Tu ne les connais pas. Les choses ont changé depuis que tu es… » Luke s'interrompit, mais son père compléta tout seul.

« En taule ? Ouais, je sais. Beaucoup de temps perdu. Mais il y a une chose que j'ai apprise ici, fiston. Une chose dont les gens ne se rendent pas vraiment compte à l'extérieur. On est peut-être des taulards – des voleurs, des dealers, tout ce qu'on voudra – mais, à notre manière, on suit des règles. Et la règle numéro un, c'est : « On ne balance pas. » C'est pour ça que tu n'as rien à craindre de Young et Russell. Les bruits vont vite dans les Meds. Bientôt, tout le monde saura qu'ils se sont balancés l'un l'autre et qu'ils t'ont balancé toi. Ils n'oseront plus se montrer. »

À ce moment, quelques coups fermes retentirent à la porte. Le gardien entra et tapota sa montre. « Désolé, mais c'est l'heure. »

Les parents de Luke s'étreignirent. M. Reid passa gauchement la main dans les cheveux de son fils. « Tout baigne, donc ? Problèmes réglés ? »

Luke hocha la tête, puis vit sa mère lui lancer un regard espiègle. « Ah oui, c'est vrai, dit-il en souriant. Il y a encore une chose.

– Quoi ?

– La nouvelle maison. Elle aura un jardin. » Luke et sa mère se retenaient de pouffer. « Heureusement, je connais une nana qui peut nous aider, mais, quand tu sortiras, il y aura encore pas mal de terre à déblayer.

– Et de graines à planter, ajouta Mme Reid.

– Pas de problème ! fit le père de Luke en riant. Au fait, je ne t'ai pas dit ? Il y a autre chose que j'ai appris récemment : je suis plutôt bon jardinier. Ces graines que tu m'as apportées, Luke. J'ai suivi ton conseil, je les ai plantées dans une boîte. Et ça pousse de partout ! » Il gloussait encore en quittant la pièce.

Quand son père fut parti, Luke ferma les yeux et tenta de visualiser son court trajet dans la prison, comme l'aurait fait Jodi.

Il le vit entrer dans sa cellule.

Il vit la porte se refermer sur lui.

Il le vit se diriger vers la boîte posée sur le rebord de la petite fenêtre – le seul endroit de la pièce où pénétrait le soleil.

Et il vit, en même temps que son père, les vigoureuses pousses vertes qui s'échappaient du terreau noir et poussaient droit vers la lumière.

DO
A
DO

Emmanuel ARNAUD
LES TRILINGUES/2006

Chloé ASCENCIO
BIEN TROP PETITE/2000

Louis ATANGANA
DE NULLE PART/2002
CHAMBRE 27/2003

Florence AUBRY
MAMIE EN MIETTES/2003

Isabelle CHAILLOU
JOHN ET MOI/2004

Irène COHEN-JANCA
FILS DE ZEPPELIN/2000
L'ÉTOILE DE KOSTIA/2002
L'AUTRE CŒUR/2003
FASHION VICTIM/2005
LE CŒUR DE L'AUTRE/2006

Isabelle COLLOMBAT
DANS LA PEAU DES ARBRES/2006

Alex COUSSEAU
POISSON-LUNE/2004
LE CRI DU PHASME/2005
SANGUINE/2005
SOLEIL MÉTALLIQUE/2006

DO
A
DO

Vincent CUVELLIER

KILOMÈTRE ZÉRO/2002

Marie DUFEUTREL

X COMME XAD/2005

Christine FÉRET-FLEURY

J'AI SUIVI LA LIGNE BLEUE/2002

Bertrand FERRIER

HAPPY END/2003

Claudine GALEA

ENTRE LES VAGUES/2006

Claudie GALLAY

LES ANNÉES CERISES/2004

Guillaume GUÉRAUD

CITÉ NIQUE-LE-CIEL/1998

CHASSÉ-CROISÉ/1999

LES CHIENS ÉCRASÉS/1999

COUP DE SABRE/2000

APACHE/2002

COUSCOUS CLAN/2004

MANGA/2005

JE MOURRAI PAS GIBIER – DOADO NOIR/2006

Laura JAFFÉ

POUSSIÈRE D'ANGE/2000

SAM STORY/2005

DO
A
DO

Sébastien JOANNIEZ
TERMINUS NOËL/2002
C'EST LOIN D'ALLER OÙ/2003

Valérie MATHIEU
LE CIEL DE TRAVERS/2001

Bart MOEYAERT
NID DE GUÊPES/2005
C'EST L'AMOUR QUE NOUS NE COMPRENONS PAS/2005
OREILLE D'HOMME/2006

Frédérique NIOBEY
LOEÏZA/2001
EN ROUE LIBRE/2004

Zoran PONGRASIC
GOUMI-GOUMI/2004

Florence THINARD
UNE GAULOISE DANS LE GARAGE À VÉLOS/2003
ENTRE CHIEN ET LOU/2005

Marie-Sophie VERMOT
VOILÀ POURQUOI LES VIEILLARDS SOURIENT/2003

Hélène VIGNAL
PASSER AU ROUGE/2006

Adeline YZAC
LE JOUR DES OIES SAUVAGES/2004

Ouvrage réalisé par le Studio graphique des Éditions du Rouergue

Reproduit et achevé d'imprimer
par l'Imprimerie France-Quercy à Mercuès

Dépôt légal : juin 2008
N° d'impression : 80691c
ISBN : 978-2-8415-6769-0

Imprimé en France